Fish Basics

Alles, was schwimmt und was man damit machen kann

Cornelia Schinharl   Sebastian Dickhaut

Fish Basics

Inhalt

Teil I:

Basic Know How

Teil II:

Die Rezepte

basic

Rein ins Wasser: ab heute ist Fischtag.

Wie sieht eigentlich ein Kabeljau aus? Und was zum Seeteufel ist eine Prärie Auster? Also, das ist jetzt zunächst egal. Denn um mir Fisch zu machen, muss ich das nicht intus haben. Ich gehe einfach an meine Fischtheke und sage dort, was ich will. Wenn ich das aber nicht weiß? Na, beim Metzger geht's doch auch – obwohl alles so gleich aussieht, aber ganz verschieden behandelt wird. Beim Fischhändler müssen wir nicht groß »Zum Kurzbraten?« oder »Ist das Filet?« fragen. Sonst dürfen wir da aber wegen allem nachhaken. Die kennen sich nämlich richtig gut aus und haben auch noch eher Zeit als der Metzger; denn obwohl Fisch so zart, gut und gesund ist, gilt er immer noch als Geheimtipp. Und im Laden ist oft nicht so viel los.

Weil wir das nun ändern möchten, haben wir diesen Basic-Band erstmals nur einem Lebensmittel gewidmet. Nämlich dem Lachs. Und dem Tunfisch. Und der Forelle, Scholle, Sardine. Den Garnelen. Den Miesmuscheln, Tintenfischen, Oktopussen. Und dem Kaviar. Lauter Sachen zum Braten, Grillen, Frittieren, Dünsten, Dämpfen, Pochieren, Backen. Und für Salat, Suppe und Sushi. Über 100 Rezepte vom Matjessalat mit Ingwer bis zum selbst gemachten Schlemmerfilet. Was man eben so alles mit einer einzigen Hauptzutat anstellen kann.

Gut. Aber war da nicht noch was zwischen Fischladen und Küchentisch? Genau: die Vor- und Zubereitung. Wie halte ich den Fisch frisch? Worauf muss ich beim Muschelwaschen achten? Was zählt beim Braten einer Forelle? ... Steht alles gleich im Anschluss hier im Buch. Und später erfahren wir auch noch, wie ein Kabeljau aussieht und woraus die Prärie Auster besteht. Nicht, dass man das wissen muss. Aber es kann helfen bei den ersten Freischwimmversuchen. Also los, rein ins (kalte) Wasser. Denn ab heute ist Fischtag.

Know How

basic

Erkenne deinen Fisch

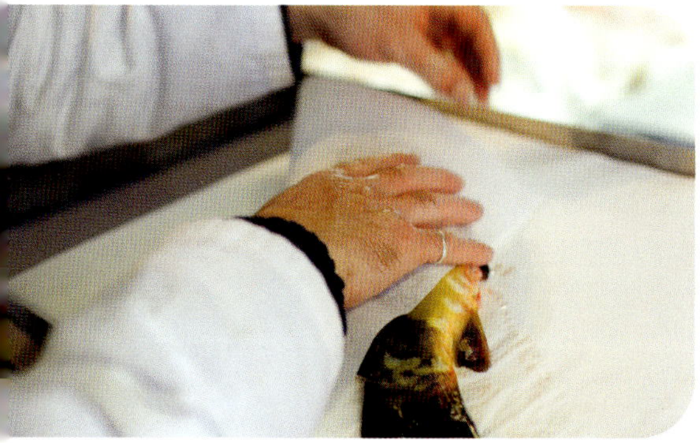

»Also Fisch, der ist nix für mich. Dieses Gefummel, bis man was zu essen hat.« Probier' doch mal ein Filet. »Och, und was ist mit den Gräten?« Beim Tunfisch zum Beispiel sind keine drin. »Aber der ist doch Katzenfutter!« Ich brat dir mal ein frisches Filet, medium, wie es sich gehört. »Wie beim Steak?« Ja genau, es schmeckt sogar ein bisschen so. »Ich will doch aber Fisch.« Das klang eben noch anders. Na gut, wie wär's mit Seeteufel? »Klingt ziemlich anders.« Keine Gräten, sehr lecker, fast wie Hummer. »Das ist doch jetzt mal was! Nur was mach' ich mit dem?«

Komm' mit auf die Reise durch die Weltmeere und Zuchtteiche zur Fischerin vom Starnberger See und zu den Garnelen aus der Tiefkühltheke. Wir schauen der Forelle tief in die Augen und gehen der Scholle an die Gräten, entdecken das Geheimnis des Räucherlachs und begeben uns ins Innere des Tintenfischs. Gegen Ende geht es an die Pfannen, bis wir schließlich zu Meistern am Fischmesser werden. Alles nur mit dem einen Ziel: den richtigen Fisch für uns zu finden und jede Sekunde mit ihm zu genießen – Bissen für Bissen.

Omega 3

Jod Jod Jod Jod

FREITAG

16 gute Gründe Fisch zu essen

Angeln

Angler wissen 'ne ganze Menge. Dass mit Sicherheit kein Fisch anbeißt, wenn der Ostwind weht und gleichzeitig der Holunder blüht, zum Beispiel. Wenn sie dann aber trotzdem am Wasser sitzen und geduldig darauf schauen, hat das was mit echter Leidenschaft zu tun. Schließlich könnte ja doch der kapitale Hecht am Haken hängen. In diesem Fall müsste man in Sekundenschnelle reagieren und vor allem das Richtige tun, damit die Leine nicht reißt, der Fisch sich nicht aus dem Staub macht oder sowas in der Art. Jedenfalls ist jetzt allen klar, dass Angeln ganz bestimmt nicht langweilig ist.

Grätenschneider

»Also, Weißfische«, sagt die Oma, »sind einfach die besten Fische, die ich kenne.« »Wenn du die vielen Gräten überlebst, kannst du froh sein«, sagt der Opa. Aber jetzt gibt es eine geniale Erfindung, die Grätenschneidemaschine. Die hat ganz viele, ganz kleine Messer, und wenn man das Filet mit der Haut nach unten da hineinlegt, »hackt« sie die Gräten so klein, dass man sie mitessen kann. Dass dabei das Fleisch trotzdem noch zusammenhält, ist Ehrensache. Wird das Filet samt Haut gebraten, merkt man das »Hacken« noch nicht einmal. Und wer hat das Gerät erfunden? Die Schweizer natürlich!

Steckerlfisch

Einer von links, einer von rechts. So hübsch aufgereiht hingen sie über der Glut. Und das herrliche Aroma erst! Und alle durften sie mit den Fingern essen oder mit so einer kleinen lustigen Holzgabel. Jedenfalls war der Biergarten erst mit Steckerlfisch richtig schön. Und mit ihm sind auch wir immer länger geblieben – irgendwie hatte jeder stets ein bisschen mehr Durst. Das ist heute auch noch so, der Haut gibt der Grillmeister nämlich eine gute Ladung Salz mit. Macht nichts, schmeckt einfach super und zu trinken gibt es ja genug. Ach ja, ein Steckerlfisch ist übrigens eine Makrele. Ideal zum Grillen!

Omega 3

Fett ist out. Pauschalurteile aber erst recht. Es gibt nämlich richtig gesunde Fette und dazu gehören die mit dem galaktischen Namen »Omega 3«. Das sind Fettsäuren, ungesättigte. Die regulieren die Durchblutung vom Herzmuskel, sorgen für seinen guten Rhythmus und für einen optimalen Blutdruck. Und in welchen Fischen ist das Gratismedikament drin? Vor allem in Hering, Makrele und Lachs, Fischen, die eher fett sind und im kalten Wasser leben. Aber aufpassen: Heringe und wild lebende Lachse aus der östlichen Ostsee haben zwar viel Omega 3 zu bieten, dafür aber oft auch ziemlich viele giftige Dioxine.

Fischstäbchen

»Fisch ess' ich nicht! Darf ich mir noch ein paar Fischstäbchen nehmen?« Mit diesen orangefarbenen Teilchen haben viele von uns ihre erste Bekanntschaft mit Fisch gemacht – und ihn nicht als solchen erkannt. Direkt auf den riesigen Fangschiffen wird der Seelachs von Maschinen ausgenommen, filetiert und gehäutet, dann zu Blöcken gepresst und tiefgefroren. Im Standardmaß von 48 x 25 x 6 cm und einem Gewicht von ziemlich exakt 7,5 kg kommt er in den Fischfabriken an. Noch im Gefrierschock wird er dort zu Stäbchen geschnitten, paniert und leicht vorgebraten sowie mit dem Röntgenauge auf Grätenfreiheit überprüft.

Jod

In Bayern gab's früher besonders viele Leute mit Kröpfen, die Menschen hier lebten im so genannten Jodmangelgebiet. Weit weg war das Meer und noch keine Kühltransporte erfunden. Da kam kein Seefisch auf den Tisch, und der liefert nun mal unter den Lebensmitteln das meiste Jod. Das wiederum braucht die Schilddrüse, um lebenswichtige Hormone aufzubauen, die ganz viele Körperfunktionen steuern. Besonders viel Jod haben Seelachs, Scholle, Schellfisch und der Tunfisch zu bieten. Und von den vieren steht der Schellfisch hier ganz oben (und der hat außerdem noch die wenigsten Kalorien von allen Fischen).

Dosenfisch

Wer war zuerst da, Dose oder Fisch? Der Fisch natürlich, aber heutzutage kommen in die Dose nur Heringe, die auf deren Größe »zugeschnitten« sind. Ein bisschen länger als das Weißblech müssen die Filets sein, damit sie nach dem Garen passend sind. Haben sie das Dampfbad hinter sich, steckt man sie in die Dose, überzieht sie mit roter Sauce – und macht sie so begehrt, dass kein anderer Fisch mithalten kann, ob mit oder ohne Dose. Wir sagen nur: 25.900 t Hering in Tomatensauce gehen pro Jahr über den Ladentisch. Dennoch: der Eigenversuch mit Rotbarbe (Seite 51) schmeckt doch besser.

Neue Flamme

Schon ein paar Mal ausgewesen? Und auch schon mal zusammen was gegessen, aber nicht daheim? Dann wird's Zeit fürs Home-Cooking, wo jeder selbst Eindruck machen kann. Spaghetti? Nee, die sind fehl am Platz. Lieber was Exklusives, frische Sardinen zum Beispiel und davor vielleicht ein Carpaccio. Da wird sie staunen. Und natürlich nicht auf die Idee kommen, dass das alles ganz easy geht. Fast simpler als Spaghetti al dente zu kochen, wenn man vor Aufregung die Minuten gar nicht mehr richtig zählen kann. Es muss einfach total beeindruckend sein. Hoffentlich hat sie das Fish Basics nicht!

Rollmops

Ein echter Berliner, der hatte in der Biedermeierzeit einen Hund, und zwar einen Mops. Denn nur mit dem konnte man gemütlich spazieren gehen. Ein gerollter Hering sah nun diesem Mops so ähnlich, dass er seinen Namen schnell weg hatte. Genauso schnell soll man ihn auch essen (aber nie mit Gabel und Messer, sondern mit den Händen), drei Bissen müssen reichen. Da er so herrlich sauer schmeckt, dürfte das kein Problem sein. Vor allem für die, die am Abend davor ein bisschen zu tief ins Glas geschaut haben. Ob der Mops den Kater verjagt, ist aber nicht erwiesen. Hauptsache man glaubt dran!

16 gute Gründe Fisch zu essen

Wasser

Immer im Fluss kennt es keinerlei eng gezogene Grenzen. Leben ist ohne Wasser nicht möglich, aber es ist auch eine Kraft, die zerstören kann. Das Wasser ist ein Symbol für die Fülle aller Möglichkeiten, für Reinigung und Erneuerung, Leben und Ewigkeit und – wie der Fisch auch – für die Fruchtbarkeit. Kein Wunder also, dass wir so gern am Wasser sitzen und uns dort viel durch den Kopf gehen lassen. Ob es wohl einen Unterschied macht, ob es ein stiller See ist oder ein Fluss, dessen Wassermassen sich geräuschvoll fortbewegen? ...

Fast food

Den Oktopus lassen wir jetzt einfach mal links liegen, der ist sowieso ein Spezialfall. Der Rest: alles ganz edel und zart. Keine Sehnen, keine Muskeln, die nach stundenlangem Schmoren verlangen, um weich zu werden. Das sieht man einem Fischfilet doch schon an, dass es keine Umstände machen will. Es ist eher genügsam: es mag kurzes Braten, Dämpfen und Dünsten. Geht alles ganz schnell, schneller als der Spurt in die Imbissbude. Und besser auch. Was kommt schon ran an den puren Fisch, mitsamt der feinen nussigen Bratbutter geschlemmt!

Wildfisch

Für viele das Nonplusultra. Aber: Keiner weiß, wo der Fisch genau herkommt, wie er gelebt hat – und ob er in letzter Zeit ausreichend Futter gefunden hat. Falls nämlich nicht, ist er mager und ausgelaugt und hat wenig Geschmack. Auch da heißt es wieder: Der gute Fischhändler kauft nur Fische ein, die richtig gut genährt sind und aus einem Wasser stammen, das für Qualität steht. Dazu weiß er auch, wann Schonzeiten sind, und er lässt sich und uns keinen Farmfisch als Wildfisch unterjubeln. Auch kennt er den Fischer, jedenfalls den vom nahen Umland, oft noch persönlich!

Freitag

Im Mittelalter war das echt krass. Fast die Hälfte aller Tage waren Fastentage und da gab's nichts Warmes zu essen. Was nicht hieß: Kochen verboten! Es durfte nur kein warmes Blut in den Adern der Lebensmittel fließen. Was für ein Glück, dass der Fisch ein Kaltblüter ist! Vor allem für die Mönche, die mussten schließlich was auf den Rippen haben, um hinter den dicken Klostermauern die kalten Nächte auch im Winter zu überstehen. Kein Wunder, dass dort die Fischküche besonders raffiniert war: Klößchen und Würste aus Fischfilet sollten über die fleischfreien Tage retten. Und auch heute noch sollte der Freitag fleischlos sein!

Urlaubsfeeling

Wenn ich an Fisch denk', dann denk' ich ans Meer. Und an braun gebrannte, vom Wetter gegerbte Fischer mit ihren hübschen kleinen Booten und an Fischverkäufer auf den vielen bunten Märkten. Und natürlich an das Glas Weißwein (hitzetauglich gut gekühlt), das ich am Abend auf der Terrasse von dem kleinen Strandlokal schlürfe, während ich mir überlege, was ich esse. Obwohl ich es eigentlich schon weiß. Einen Fisch, vom Grill, einfach mit Zitrone und Olivenöl. Das einzig Ungewisse: Welcher Fisch wird es denn heute sein? ... Hoffentlich erleb' ich das bald mal wieder. Bis dahin träum' ich mit den Basics!

Farmfisch

Extrembeispiel Forelle: Von den 30.000 t Süßwasserfischen, die wir im Jahr essen, kommen gerade mal 4.000 aus den Seen. Gäbe es nur die, wären Forellen sündhaft teuer und nur die Privilegierten könnten bei dem Luxusgut zugreifen. Nicht gerade demokratisch. Dann doch lieber einen Fisch aus dem Teich? Wenn der Züchter ein guter ist, dem Fisch Zeit zum wachsen und Aroma kriegen lässt, ihn nicht unnötig mit Medikamenten füttert, spricht nichts dagegen. Wir konnten beim Test zwischen einem Saibling aus dem Starnberger See und einem aus dem Farmteich keinen Unterschied festellen.

Bio-Fisch

Klar, der Bio-Fisch im Meer schwimmt im gleichen Wasser wie sein konventioneller Zucht-Kollege, und im Käfig lebt er auch. Aber er hat mehr als doppelt so viel Platz, und das in der Regel in Gewässern mit guter Strömung (er muss sich also bewegen und das Wasser ist sauberer). Dazu bekommt er nicht so viele Medikamente. Bei den Süßwasserfischen aus den Teichen kann zudem alles kontrolliert werden. Einziger Nachteil: zu kriegen ist Bio-Fisch nur im Bio-Laden, meist nur tiefgekühlt und vor allem Lachs und Garnelen. Bei diesen beiden lohnt es sich aber auch ganz besonders!

Frische Fische
einkaufen & verwenden

Augen zu und rein ... Die salzige Note der feinen Brise ist zu schnuppern, der Schrei der Möwen zu hören. So angenehm nach Meer soll es duften, wenn sich die Ladentür auftut!

Wir haben die Wahl: frischer Fisch aus Meer und See, frischer Fisch von der Fischfarm oder aus dem Teich, ein bisschen Bio und ganz viel TK. Aber wie entscheiden wir das jetzt? Und welcher Fisch ist wirklich frisch, wenn er frisch ist?

Von Fischers Fritz

»Frische Fische fischt er ...« In unserer Vorstellung mit Rute oder allenfalls Netzkescher – um uns einen frischen Fisch zu angeln, der natürlich gelebt hat und spitze schmeckt. In Tat und Wahrheit schippern oft riesige Fischfangschlepper über die Meere und ziehen ihre Netze über den Grund. Was sich darin sammelt, ist nicht nur das, was nachher in den Fischgeschäften landen soll. In Brüssel wird jedes Jahr aufs Neue darum gerungen, wie viel Fisch wo wann gefangen werden darf. Die Vorschläge der Verbände, sei es vom Rat für Meeresforschung oder von so engagierten Organisationen wie Greenpeace, werden dabei nicht immer befolgt. Sie haben etwa empfohlen, dem überfischten Kabeljau eine nötige Regenerationspause zu geben. Alles, was ihm gewährt wurde, waren ein bis zwei Tage mehr pro Monat.

Doch es gibt auch Postives zu berichten: Lebensmittelriesen wie Unilever reagieren auf die Bedrohung und garantieren, dass Fische für ihre Produkte nur aus unbedenklichen Herkunftsgebieten bzw. nachhaltiger, Bestand schonender Fischerei stammen.

Auch wir als Käufer können etwas tun: So zum Beispiel die überfischten Arten meiden oder nur selten essen.

Selten essen: Rotbarsch, Kabeljau (außer er kommt aus nördlichen Meeren) und Viktoriabarsch.

Häufiger essen: Makrele, Hering und Seelachs, Sardinen aus dem Atlantik, Schellfisch, Tintenfisch, Pangasius und Tilapia, Goldbrasse und Wolfsbarsch aus Aqua-Kulturen, Zander, Forellen, Renken, Karpfen, Weißfische und Saiblinge.
Bei Lachs pazifischen Wildlachs oder Bio-Lachs bevorzugen, bei Garnelen Kaltwasser- oder Bio-Garnelen (Warmwassergarnelen aus Asien oder Südamerika fallen immer mal wieder wegen Schadstoffen und Antibiotika in den Zuchtbecken negativ auf).

Von der Farm

Etwa ein Drittel aller Speisefische kommt inzwischen von der Fischfarm – aus Teichen oder aus großen Käfigen im Meer: Forellen, Saiblinge und Karpfen ebenso wie Lachs, Heilbutt, Wolfsbarsch, Doraden und Steinbutt. Bald werden es noch mehr Sorten sein. Unterschiede liegen in der Größe der Käfige oder Teiche und im Standort im Meer.

Von Käpt'n Iglo

Riesige Fischtanker haben auch Vorteile: Sie sind so groß und modern, dass gleich vor Ort die Fische ausgenommen, filetiert und gehäutet werden, bevor man sie sofort nach dem Fang tiefgefriert. Wenn sie dann aufgetaut vor uns liegen, sind sie also oft

frischer als mancher frische Fisch, der ein paar Tage lang durch die Welt gereist ist, bevor er bei uns auf dem Teller landet. Fische von weit her, wie zum Beispiel der Tilapia aus Vietnam, werden grundsätzlich eingefroren, und auch Garnelen gibt es bei uns fast nur aufgetaut zu kaufen. Der Fischhändler muss das kenntlich machen.

Frische-Zeichen

Beim Duft wissen wir es schon: angenehm nach Meer soll es im Fischladen riechen, vielleicht ein bisschen salzig und leicht nach Tang, und natürlich auch nach Fisch. Aber auf gar keinen Fall penetrant, denn dann ist der Fisch einfach alt. Übrigens: Fische aus dem Meer haben einen intensiveren Geruch als die aus dem Süßwasser. Auch vom Aussehen erfahren wir viel: **Ganze Fische** haben im Idealfall eine glänzende, pralle Haut. Schleim auf der Haut ist gut. Klare und feste Augen, feuchte rötliche Kiemen – diesmal ohne Schleim – zeugen auch von Frische. Ganz schlechte Zeichen sind Schlappheit und trübe oder eingefallene Augen und grau gefärbte Kiemen. Bei **Fischfilets** ist die Frische schwieriger zu erkennen: Ihr Fleisch soll aber ebenfalls klar und leuchtend aussehen, in keinem Fall angetrocknet sein. Wer sicher gehen will, dass er ganz frisches Filet bekommt: Dem Fischhändler einfach sagen, dass Sie den Fisch gerne roh essen möchte!

Garnelen müssen roh transparent und leuchtend aussehen, gegart rot und feucht. Schlechte Zeichen: schwammiges, stumpfes Aussehen bei rohen und Flecken oder angetrocknete Stellen bei gegarten Garnelen. **Muscheln** sollen angenehm nach Meer duften und geschlossen sein, und Jakobsmuscheln ohne Schale ein leuchtend weißes und pralles Fleisch haben.

Vom Lagern und Aufbewahren

Ist der frische Fisch erst einmal im Haus, kommt er so schnell wie möglich aus der Tüte raus. Auf einen Teller oder in eine Schüssel legen, mit einem Teller abdecken und in den Kühlschrank damit. Und zwar an die kälteste Stelle (die ist direkt über dem Gemüsefach) und für höchstens 3 Tage (wenn er sicher frisch war, sonst lieber gleich zubereiten).
Frisch geschlachtete Fische wie Forellen & Co. sind übrigens nicht am selben Tag am besten, sondern am nächsten. Wie Fleisch braucht auch Fisch eine gewisse Reifung, damit er »rund« schmeckt.
Frischen Fisch kann man problemlos einfrieren, das aber unbedingt an dem Tag machen, an dem man ihn gekauft hat. Wichtige Vorraussetzung: Er darf nicht schon einmal tiefgekühlt gewesen sein. Zum Auftauen Fisch auf saugfähigem Papier oder in einem Sieb im Kühlschrank lagern.

Goldregeln für den Fischeinkauf

1. Regel:
Fischhändler suchen, der vertrauenswürdig ist! Er hat immer frischen Fisch, aber nicht immer jeden Fisch. Vor allem kurz vor Ladenschluss sind bei ihm die Auslagen nicht unbedingt überladen. Er weiß, wo der Fisch herkommt und wie er aufgewachsen ist.

2. Regel:
Unbedingt nach der Haltbarkeit fragen! Dem Fisch ist nicht anzusehen, ob er schon ein, zwei oder drei Tage auf dem Eis des Händlers liegt. Zum Heimtransport den Fisch mit Eis einpacken lassen oder gleich den Kühlbeutel von zu Hause mitbringen.

3. Regel:
Keinen falschen Ehrgeiz entwickeln! Wer noch wenig Erfahrung im Fischzubereiten hat, dem kann der Händler den Fisch in jedem Fall ausnehmen, schuppen und vielleicht sogar noch filetieren.

4. Regel:
Richtige Menge kaufen! Um satt zu werden, braucht man bei Filets pro Person zwischen 150 g und 200 g (kommt auf den Fettgehalt vom Fisch und die Art der Sauce an). Bei ganzen Fischen sollten es um die 300 g sein, weil ja noch Kopf, Schwanz und Gräten abfallen. Bei Muscheln pro Person rund 750 g rechnen, bei Garnelen 150 g geschälte und bis zu 200 g samt Schale.

5. Regel:
Flexibel sein! Wenn der Fisch, der auf dem Einkaufszettel steht, nicht da ist, auf das Wissen des Fischhändlers vertrauen. Er kennt einen Ersatz und weiß auch, ob die Garzeit gleich ist oder angepasst werden muss.

Fertigfische
einkaufen & verwenden

Um die 14,5 kg Fisch und Meeresfrüchte isst jeder von uns im Jahr. Etwa die Hälfte davon ist mariniert, geräuchert oder in der Dose verschweißt. Da muss doch was drin sein!

Ich mag frischen Fisch, aber da ist kein Fischhändler in meiner Nähe. Dosen sind so praktisch, die kaufe ich im Supermarkt und packe sie in den Vorratsschrank. Ich probier's erst mal mit was Fertigem. So was Rauchiges oder was Saures schmeckt mir eigentlich noch viel besser ... Alles gute Gründe, um ins Regal zu greifen oder an der Theke nach Räucherfisch zu angeln.

Räucherfisch

Wollt ihr den Fisch kalt geräuchert? Ja, klar! Da müssen wir euch enttäuschen, kalt geht nämlich gar nichts. Bis zu 30 Grad warm wird der Rauch auch beim so genannten Kalträuchern, die Hitzequelle ist hier nur weiter vom Fisch entfernt und wird durch ein Rohr in den Räucherofen geleitet. Kalt geräuchert werden auf dem Rost Filets, die schneller fertig sind als ganze Fische und keine zu starke Hitze mögen, aber auch die komplette Lachsseite. Um dem Rauch dafür schnell Aroma zu geben, bringt man Holzspäne oder sogar -mehl (fast immer von der Buche) zum Glühen. Ganze Fische vertragen dagegen mehr. Sie bekommen beim Heißräuchern direkt im Ofen über Holzscheiten Zunder – und zwar mindestens 60 Grad. Bevor das Gargut in den Rauch darf, werden Filets »gegravt«, also mariniert. Ganze Fische badet man in Salzwasser und hängt sie dann nach dem Abtropfen direkt in den Räucherofen.

Lachsersatz sieht aus wie kleine Stückchen vom Räucherlachs. Tatsächlich verbirgt sich dahinter Seelachs oder Alaska-Seelachs, der in Salz eingelegt, lachsrot gefärbt und kalt geräuchert wurde. Anschließend kommt er in kleinen Stückchen in Öl. Er schmeckt auf kleinen Brotscheiben mit Frischkäse, auf Eierbroten oder auch auf kleinen Pfannkuchen oder Kartoffelpuffern.

Trockenfisch

Asiaten trocknen auch Garnelen und kleine Fischchen. Wenn wir aber an getrockneten Fisch denken, fallen uns eher **Baccalà** (ital.) oder **Bacalao** (span.) und **Stoccafisso** (ital., zu deutsch Stockfisch) ein. Dass sich diese nordischen Fischspezialitäten auch im Mittelmeerraum verbreitet und bis heute gehalten haben, hat zwei Gründe: Zum einen gab es in Norwegen und anderen nördlichen Ländern Kabeljau (= die Basis) im Überfluss, zum anderen im Süden Salz (= der Zusatz). Beide Regionen arrangierten ein Tauschgeschäft: Salz für den Norden, Kabeljau für den Süden – und der war durchs Einsalzen bestens zu transportieren. Der Unterschied zwischen Baccalà und Stoccafisso: Für Baccalà wird der Kabeljau ausgenommen und halbiert, die Seiten gesalzen und getrocknet. Für Stoccafisso hingegen bleibt er ganz und wird nur getrocknet, früher dazu über Stöcken aufgehängt.

Selber machen

EINSALZEN: Echten Baccalà zu produzieren, ist zu arbeits- und zeitintensiv. Aber simples Einlegen in Salz macht Kabeljau zu einer besonderen Delikatesse, er wird dabei würzig und sein Fleisch bekommt eine angenehm feste Konsistenz. Und so geht's: Ein dickes ganzes Kabeljaufilet (Schellfischfilet geht auch) mit Haut vorbestellen. Eine Form, die so lang ist wie das Filet, mit einer dicken Schicht Meersalz bestreuen. Das Filet einlegen, mit Salz bedecken und über Nacht kühl stellen. Am nächsten Tag ist der Fisch fest geworden, das Salz abspülen und das Filet 1 Stunde wässern. Dies schmeckt jetzt in Milch pochiert mit einer Sauce. Oder zu einer Paste verarbeitet (nach dem Pochieren mit warmer Milch oder Sahne, Olivenöl und Knoblauch fein pürieren) und auf geröstetes Brot gestrichen.

RÄUCHERN: Geht mit Räuchermehl (aus dem Anglerfachgeschäft; kann man aber auch im Internet finden und bestellen) oder mit Teeblättern, wie man es in Asien macht. In beiden Fällen den Wok mit Alufolie auskleiden. Entweder 2 EL Räuchermehl auf den Wokboden schütten oder je 2 EL Langkornreis, Zucker und grüne Teeblätter (bei der Mischung muss man die Hitze besonders gut regulieren, damit der Zucker nicht verbrennt und der Fisch dann danach schmeckt). Hitze hoch stellen, Deckel auflegen und warten, bis Rauch aus dem Wok aufsteigt. Hitze klein stellen, die Fische auf einem passenden Gitter über den Rauch hängen und nun zugedeckt räuchern. Fischfilets je nach Dicke 6–10 Minuten, Garnelen und Muscheln (vorgekocht) ungefähr 5 Minuten.

Baccalà muss 1 Tag in Wasser einweichen, bevor man ihn verwenden kann. Dabei das Wasser immer mal wieder austauschen, damit der Fisch nicht mehr so salzig ist. Stoccafisso muss 2 Tage im Wasser liegen. Dann wird er ausgenommen und kommt noch einmal für etwa 5 Tage ins Bad. Etwas aufwändig, was erklärt, warum bei uns eher Baccalà verwendet wird, zu kaufen bei manchen Fischhändlern oder in italienischen, spanischen, portugiesischen Geschäften. Baccalà schmeckt (mit oder ohne Teig) frittiert und in einer würzigen Tomatensauce, gekocht mit grüner Sauce oder als Salat, als feine Creme (mit Milch zubereitet) auf dem gerösteten Brot oder auch als Carpaccio (dafür etwas länger einweichen, in hauchdünne Scheiben schneiden und mit Olivenöl und Zitronensaft anmachen).

Dosen- und Tubenfisch

Nichts leichter als das: Dosen mit dem Öffner öffnen – und **Tunfisch** rausholen. Dafür werden je nach Qualität Scheiben oder Stücke vom Tunfisch gekocht und im eigenen Sud oder in Öl eingelegt. Besonders lecker sind größere Tunfischstücke satt mit gutem Olivenöl bedeckt. Wer beim Essen nicht an die Delfine denken möchte, die beim Tunfischfang mit ins Netz gehen, findet unter www.delfinschutz.org Händler, die ausschließlich delfinschützend gefangenen Tunfisch vermarkten.
Tunfisch schmeckt mit Tomaten, roten Zwiebeln und Olivenöl im Salat, in der Nudelsauce und auf der Pizza sowie als Paste mit Crème fraîche, Sahne oder Frischkäse püriert, mit Kapern gemischt und auf geröstete Brotscheiben gestrichen.
Sardellen verpassen Aroma, schon ein paar der würzigen kleinen Fischchen genügen, um der grünen Sauce, einem Salat oder einer Tomatensauce eine ganz besondere Finesse zu verleihen. Sardellenfilets gibt es eingelegt in Salz oder in Öl (auch die wurden vorher mit Salz haltbar gemacht). Sardellen in Salz sind um einiges intensiver im Geschmack, sie müssen daher vor dem Verwenden mindestens 1 Stunde in Wasser baden. Damit sie dabei möglichst viel Salz abgeben, das Wasser immer wieder austauschen. Sardellen in Öl einfach nur abtropfen lassen.

Ölsardinen sind klein, fein und lecker. Die Sardinen werden ausgenommen und ohne Kopf verarbeitet, mal mit, mal ohne Haut – und kommen samt Pflanzenöl in die Dose. Inzwischen gibt es sie sogar im Bio-Laden. Hier wird angepriesen, dass die Sardinen aus sauberen Gewässern stammen und in Bio-Olivenöl eingelegt werden.
Ölsardinen schmecken auf dem Salat und einfach auf geröstetem oder ofenfrischem Brot. Vorher immer gut abtropfen lassen.
Sardellenpaste und andere **Fischpasten** bestehen je nach Hersteller nur aus Fisch und Gewürzen, haben oft aber auch einen Zusatz an Fett und Bindestoffen intus.

Eingelegter Fisch

Der **Matjes** kommt nicht als Matjes aus dem Meer, sondern ist eigentlich ein Hering. Und zwar einer vor dem Laichen (idealerweise, aber selten geworden, sogar jungfräulich) ohne Ansatz von Milch und Rogen. Der wird jetzt gekehlt, also durch die Kiemen ausgenommen. Dabei verbleibt im Fisch ein Teil der Bauchspeicheldrüse, deren Enzyme mit dem Salz dafür sorgen, dass der Fisch reift. Jung und frisch sind Matjesfilets von Mai bis Juni (danach laichen die Heringe), tiefgekühlt und aufgetaut gibt es sie aber das ganze Jahr über. Perfekt: Beim Reifen werden die Gräten so weich, dass man sie mitessen kann. Gute Matjesfilets sind sahnefarben mit einem Silberschimmer, innen schön rosa, nicht klein und hängen im Doppel zusammen. Alles, was braun oder sogar schmierig aussieht und zu intensiv riecht, in jedem Fall liegen lassen!
Und: Fische »nach Matjesart« werden mit einem Enzym (meist von der Papaya), Salz und Wasser zum Reifen gebracht.
Der **Rollmops** war auch mal Hering, bevor er ohne Kopf und Schwanzflosse ausgenommen und entgrätet wurde. Mit Gurken, Zwiebeln und Gewürzen aufgerollt und in einer Essig-Salz-Marinade eingelegt, macht dieser Mops auch müde Zecher wieder munter. Varianten sind **Brat-** und **Räucherrollmops**, die vor dem Einlegen gebraten oder geräuchert werden. Hat dieser Hering keine Füllung und wird nicht aufgerollt, heißt er **Bismarckhering,** wird er vor dem Einlegen gebraten, ist er ein **Brathering.**

Fisch für Einsteiger

»Schuppen, ausnehmen und filetieren?«, fragt der Fischhändler. Ja, bitte. Aber die Scholle nicht, die will ich doch im Ganzen braten. Und was muss ich dann noch machen?

Immer wieder gut und einfach: Ein Fischfilet kaufen, auspacken und braten. Muss man nicht viel tun – bei einem ganzen Fisch aber fast genauso wenig. Was man aber kann, es sich leichter machen: Gräten vor dem Garen zupfen statt nach dem Braten drumrum essen, Flossen abschneiden und alles, was später sonst noch auf dem Teller nicht gut ankommt. Grund-Ausstattung für den Einsteiger ist eine Pinzette, eine Küchenschere, ein Messer und ein bisschen Fingerspitzengefühl.

Gräten aus dem rohen Filet zupfen

Keiner hat sie gerne, manche fürchten sich sogar so sehr davor, dass sie erst gar keinen Fisch essen wollen. Alles Unsinn, sagt der Kenner: Erstens gibt es Fische ohne Gräten, und zweitens gibt es Fische (hier nur Filets), die man ganz leicht von den Gräten befreien kann. Wer sich da nicht auskennt, fragt am besten den Fischhändler oder schaut im Kasten rechts nach.
Liegt das Filet vor einem, kann jeder mit den Fingern ertasten, wo die Gräten sitzen. Einfach in verschiedensten Richtungen drüberstreichen. Gräte aufgespürt? Die Pinzette holen (wer öfter Fisch zubereitet, sollte sich dafür eine eigene anschaffen und immer in der Küche aufbewahren oder gleich wie die Profis eine spezielle Fischzange kaufen) und damit die Grätenspitze fassen. Auf beiden Seiten von der Gräte das Fischfleisch mit zwei Fingern halten und die Gräte langsam herausziehen (siehe Bild a). Die helfenden Finger sorgen dafür, dass die Gräte möglichst ohne Fischfleisch entfernt wird. Und das langsame Ziehen deswegen, damit die Gräte ganz rauskommt und nicht vorher abreißt.
Spezialtipp: Beim Karpfen und allen verwandten Fischen wie Brachsen, Schleien oder Aitel spürt man die Gräten im Filet leider nicht, sie liegen zu nah an der Haut. Wer sie entfernen will, lässt sich die entsprechende Stelle vom Fischhändler zeigen und schneidet sie ganz weg.

Ganze runde Fische vorbereiten

Alle Fische mit einem eher langen Körper und auf beiden Seiten der Mittelgräte gleich viel Fleisch an eher dicken Bäuchen, nennt der Profi Rundfische (wie die Forelle). Diese werden je nach Zubereitungsart ein wenig anders vorbereitet, fast immer kommen aber die Flossen ab. Bleiben sie dran, stört das beim Braten, Pochieren oder Grillen zwar nicht. Aber nachher auf dem Teller geht das Zerteilen des Fisches leichter, wenn die Flossen entfernt wurden. Also ran an den Fisch und alle Flossen mit der Küchenschere abschneiden (siehe Bild b). Um sie komplett zu erwischen, dabei ruhig ein bisschen ins Fischfleisch schneiden. Wer den Fisch allerdings »blau kochen« will, also in einem feinen säuerlichen Sud

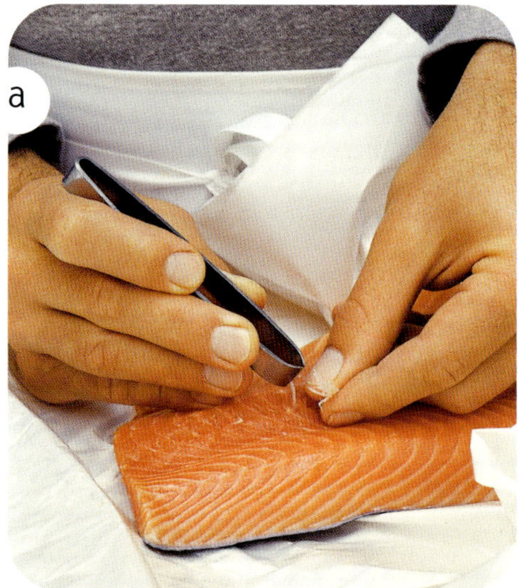

a

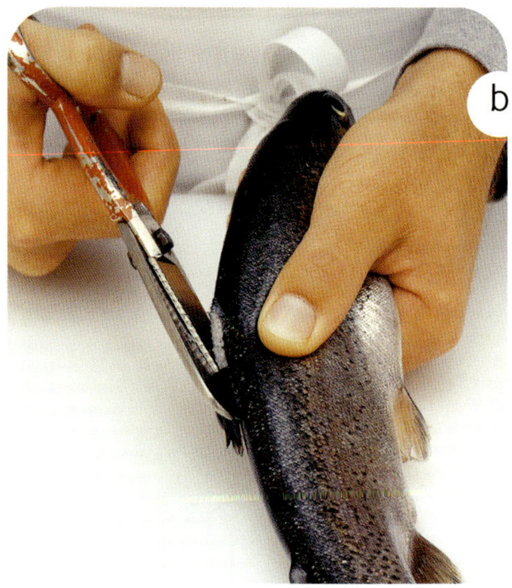

b

c

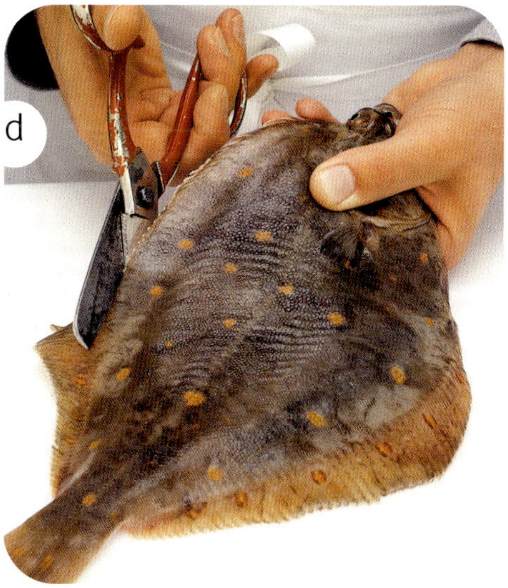
d

e

Festes oder zartes Fleisch?

Filets mit festem Fleisch: Brassen (alle Arten), Hai, Kabeljau (vor allem, wenn er ganz frisch ist), Heilbutt, Knurrhahn, Petermännchen, Rochen, Red Snapper, Schellfisch, Seelachs, Seeteufel, Seezunge, Steinbutt, Waller, St.-Petersfisch, Schwertfisch, Tunfisch.

Filets mit zartem Fleisch: Kabeljau (wenn er etwas gelagert wurde), Tilapia, Scholle, Seehecht, Wolfsbarsch.

Wie viele Gräten hat der Fisch?

Fische ohne Gräten: Aal, Hai, Heilbutt, Knurrhahn, Pangasius, Rochen, Rotbarsch, Schwertfisch, Seelachs, Seeteufel, Tunfisch, Waller, die Filets von Scholle, Rotzunge, Seezunge, Steinbutt.

Fische mit wenig oder harmlosen Gräten: Dorade, Forelle, Kabeljau, Lachs und Lachsforelle, Makrele, Meerbrasse, Red Snapper, Saibling, Sardinen, Seehecht, Schellfisch, Zander.

Fische mit vielen Gräten: Barsch, Hecht, Karpfen, Rotbarbe, Weißfische (siehe auch Grätenschneider, Seite 10).

pochieren, sollte unbedingt aufs Flossenabschneiden vor dem Garen verzichten. Die Schleimschicht auf der Haut sorgt nämlich dafür, dass Forelle & Co. nach dem Garen ihre blaue Farbe erhalten. Beim Hantieren mit dem Fisch würde diese Schicht ganz bestimmt verletzt werden. Das ist übrigens auch der Grund dafür, dass man Fische, die blau zubereitet werden, nicht wäscht.

Rundfisch köpfen? Ist Geschmackssache, bei großen Fischen aber oft auch eine Genug-Platz-im-Topf-Frage. Wer den Kopf abschneiden will: Fisch auf das Arbeitsbrett legen (eine Seitenfläche nach unten). Das Messer hinter der Kiemenöffnung ansetzen und den Kopf leicht schräg zur Bauchflosse hin vom Körper abschneiden (siehe Bild c).

Ganze platte Fische vorbereiten

Sie haben eine dunkle und eine helle Seite und sind wie sie heißen: platt. Sie werden im Ganzen meist gebraten oder im Ofen zubereitet. Ihre Besonderheit: Sie besitzen keine einzelnen Flossen, sondern einen Flossensaum. Je nach Fischart werden sie etwas unterschiedlich vorbereitet.
Bei der Scholle: Den Fisch mit der dunklen Seite nach oben flach aufs Brett legen. Am Rand ist nun der Flossensaum zu sehen und dicht daran ein ungefähr 1 cm breiter Bereich, in dem die Gräten unter der Haut liegen. Manche lassen den zwar dran, dieser Teil ist aber so unbequem zu essen, dass wir empfehlen, ihn ebenfalls zu entfernen. Also Flossensaum mit der Küchenschere abschneiden (siehe Bild d). Jetzt sitzt im Fisch nur noch die dicke Mittelgräte (die bleibt beim Braten drin). Nun nur noch den Kopf abtrennen, dann die Haut auf beiden Seiten der Mittellinie mit einem scharfen Messer immer wieder in schrägen Streifen einschneiden (siehe Bild e).
Beim Steinbutt, einem größeren Plattfisch, schneidet man nur den Flossensaum ab, der Bereich daneben ist fleischiger und kann mitgegessen werden. Dafür wird der große Fisch nur selten im Ganzen zubereitet. Um ihn zu portionieren, entlang der Mittellinie auf der dunklen Haut (direkt darunter liegt die Mittelgräte) durch die Gräte in zwei Stücke schneiden, diese quer in beliebige Portionsstücke teilen.
Beim Zubereiten von Plattfischen immer daran denken: Die dunkle Seite ist die dickere und fleischigere. Beim Braten in der Pfanne kommt sie deshalb stets zuerst nach unten. Während die helle Seite dann kürzer brät, kann das Fleisch der dicken noch ein bisschen nachziehen.

Fisch für Fortgeschrittene

Schuppen & Ausnehmen

Filets hatte ich jetzt schon so oft. Nun hab' ich aber gehört, wie toll ein ganzer Fisch vom Grill ist. Den will ich auch mal testen. Geht doch ganz einfach, oder?

Ein ganzer Fisch samt Haut gegart hat einfach noch mehr Aroma als ein pures Filet. Und dass man ihm dazu besser ansieht, wie frisch er ist, haben wir bereits erfahren. Auch kann man ihn braten, grillen und pochieren, das zarte Fleisch bleibt von Haus aus saftiger als das des Filets. Schuppen und Ausnehmen macht der Fischhändler. Oder doch jeder selbst? Ist richtig einfach, bitte ausprobieren. Die Grund-Ausstattung: ein stabiles, spitzes, scharfes Messer, eventuell ein Fischschupper, eine Küchenschere.

Schuppen

Wer möchte, besorgt sich zusätzlich einen Fischschupper, das stabile, spitze und scharfe Messer muss aber sein. Tipp der Fischereimeisterin: für Fische mit kleinen Schuppen reicht das Messer (immer mit dem Messerrücken schaben!), für solche mit großen lieber den Schupper nehmen. In jedem Fall den Fisch gut festhalten, am besten mit einem Tuch am Schwanz, damit der nicht aus der Hand flutscht. Dann die Schuppen Richtung Kopf gegen den Strich kräftig abschaben (siehe Bild a). Kaltes Wasser dabei laufen lassen und den Fisch möglichst nah unter den Strahl halten. Das verhindert, dass die Schuppen zu sehr in der Küche rumfliegen. Ein paar schaffen es aber immer. Die am besten trocknen lassen, so kann man sie am einfachsten entfernen. Also ein bisschen Geduld haben.

Ausnehmen

Jetzt kommt kurz die Küchenschere zum Einsatz (Profis haben eine extra Fisch-Schere, die aber echt nicht nötig ist). Damit alle Flossen – an Rücken, Bauch und den Seiten – abschneiden. Unten am Fischbauch ist ein kleines Loch zu sehen, das ist die Afteröffnung. Von da aus den Bauch mit der Messerspitze bis zum Kopf hin dicht an der Haut aufschneiden. Die beiden Bauchlappen aufklappen und die Innereien des Fischs mit den Fingern rauszupfen. Zum Schluss den Bauch unter dem fließenden Wasser ausspülen. Fisch innen und außen mit Küchenpapier trockentupfen. Extra – **Sardinen** vorm Braten köpfen. Und auch entgräten: Bauch ganz aufklappen, Mittelgräte mit einem Teelöffelstiel anheben und abziehen (siehe Bild b). Waschen, trocknen.

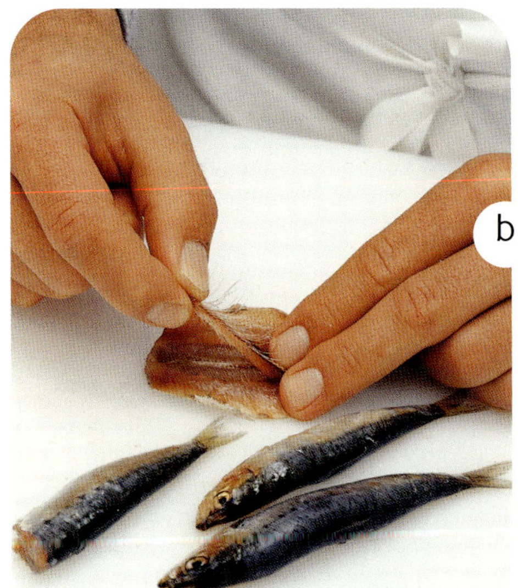

Achtung: schuppenfreie Zone!

Keine Lust auf Selberschuppen? Manchmal ist es gar nicht nötig. Das ist gleich zu spüren, wenn man mit den Fingern vom Schwanz aus Richtung Kopf über den Fisch streift. Fühlt es sich glatt und geschmeidig an, haben die Fische keine Schuppen oder sie sind zum Mitessen klein. Das ist der Fall bei Forellen, Saiblingen, Wallern, Heringen, Makrelen.

Fisch für Fortgeschrittene

Rundfisch filetieren

Geschuppt und ausgenommen ist er, aber jetzt soll der Kerl nicht als Ganzes in die Pfanne. Beim Fischhändler sieht das immer ganz easy aus ... Und wie bekomme ich die Filets hin?

Kommen Freunde zu Besuch, die keine Fisch-Freaks sind, macht man's ihnen einfach und serviert statt dem ganzen Fisch ein zartes Filet auf dem Teller. Ist das dann auch noch selbst geschnitten, ist ein kräftiges Schulterklopfen angesagt. Also auf geht's! Die Grund-Ausstattung: ein scharfes, spitzes Messer mit dünner Klinge.

Methode 1

Bei kleineren und nicht so dicken Fischen ist die Mittelgräte (der Profi sagt auch Wirbelsäule dazu) besser zu sichten, wenn man in den Fischbauch schaut. Entdeckt? Dann von Innen dicht hinter dem Kopf mit der Spitze des Messers über der Mittelgräte ins Fleisch schneiden und bis zum Rücken durch den Fisch bohren. Die Spitze soll am Ende des Kopfes wieder rauskommen (siehe Bild c). Das obere Filet oberhalb der Gräte absäbeln und vom Kopf und der Schwanzflosse abtrennen. Mit der Haut nach unten beiseite legen. Jetzt unterhalb der Mittelgräte ansetzen und das untere Filet mitsamt den ganzen Seitengräten abschneiden. Dieses Filet ist fertig für die Zubereitung, vom oberen zuvor noch die Seitengräten entfernen. Dazu das Filet am Schwanzende festhalten, mit dem Messer unter die Seitengräten fahren und das Fleisch dicht daran abschneiden.
Vorteil dieser Methode: Man verliert nur ganz wenig vom begehrten Fischfleisch.
Nachteil: Die Seitengräten vom oberen Filet sind extra abzuschneiden.

Methode 2

Ein dicker fleischiger Fisch liegt auf dem Brett, den kann man auch vom Rücken aus filetieren. Dazu die Haut am Rücken vom Kopf bis zum Schwanzende oberhalb der Mittelgräte einschneiden. Jetzt – wieder vom Kopfende aus – mit dem Messer zwischen Fleisch und Seitengräten fahren und das Fleisch entlang der Gräten so dicht wie möglich abschneiden (siehe Bild d). Dann vom Schwanz abtrennen. Jetzt die Mittelgräte mitsamt den Seitengräten auch vom zweiten Filet abschneiden.
Vorteil dieser Methode: Die Seitengräten werden schon beim Filetieren mit entfernt.
Nachteil: Vor allem bei wenig Geübten bleibt relativ viel Fischfleisch an den Gräten hängen.

Das gilt für beide Methoden: Den Kopf am besten vor dem Filetieren des zweiten Filets abschneiden. Und nach dem Filetieren, wie auf Seite 16 beschrieben, mit dem Finger übers Fischfleisch fahren, Gräten erspüren und zupfen.

c

d

Ich möcht' so gern ein Kotelett sein

Mit viel Fleisch auf den Rippen lassen sich Fische nicht nur in Filets, sondern auch in Koteletts schneiden. Dazu den ganzen Fisch aufs Brett legen, Kopf abschneiden und dann den Fisch mit einem schweren großen Messer quer durch die Mittelgräte in 2–3 cm dicke Scheiben – eben Koteletts – teilen. Besonders geeignet dafür sind: Lachs, Kabeljau, Schellfisch, Seehecht und Seeteufel, aber auch große Zander, Waller und Karpfen.

Fisch für Fortgeschrittene

Plattfisch filetieren

Der liegt schon ganz anders auf dem Brett. Mit dem Rücken auf der Seite, und zwar auf der dunklen. Aber auch bei Plattfischen geht das Filetieren ganz leicht. Versprochen!

Der Steinbutt gehört genauso zu den Plattfischen wie die Scholle und die Seezunge. Sind sie klein, brät man sie im Ganzen, sind sie groß auch mal filetiert. Übrigens: alle diese Fische zählen zu den Edelfischen. Die Gräten und den Kopf also nicht in den Abfall werfen, sondern unbedingt ganz fix auf Seite 80 nachschauen und einen Fischfond kochen. Der schmeckt nämlich super.

Von hellen und dunklen Seiten

Mehr Fleisch hat der Plattfisch auf der dunklen Seite, dem Rücken. Eher mager ist der helle Bauch. Was aber nicht heißen soll, dass es sich nicht lohnt, auch die weiße Seite zu filetieren, ganz im Gegenteil. Wer jetzt doch einen Rückzieher macht und noch beschließt, lieber den Fisch im Stück zu braten, legt ihn auf alle Fälle zu Beginn mit der dunklen Seite nach unten in die Pfanne. Da diese Seite dicker ist als die helle, kommt sie zuerst dran und muss auch länger braten. Für alle anderen heißt es …

Am Rücken anfangen

Damit sich die Filets leicht abtrennen lassen, erst einmal das Fleisch vom Kopf abtrennen. Dazu den Fisch mit der dunklen Seite nach oben auf das Arbeitsbrett legen. Dann direkt hinter dem Kopf im Halbkreis Haut und Fleisch so weit einschneiden, dass der Widerstand der Gräten zu spüren ist (siehe Bild a, unten links).
Nun: Die Mittelgräte des Plattfisches liegt direkt unter der feinen dunklen Linie, die sich auf der Haut vom Kopf bis zum Schwanz zieht. Den Fisch knapp neben der Linie – rechts und links entlang der Gräte –einschneiden, bis man die Seitengräten fühlen kann (siehe Bild a). Das erste Filet von der Kopfseite und von der Mittelgräte aus direkt über den Seitengräten flach abschneiden und ablösen (Bild b). Das andere Filet genauso abtrennen (Bild c), dann den Fisch umdrehen und die dünnere untere Seite auf die gleiche Weise filetieren.
Zum Schluss: Alle Plattfische haben an den äußeren Seiten einen fransigen Flossenrand. Abschneiden. Sollen die Filets noch gehäutet werden, erst danach abtrennen.

Große Fische zu Steaks schneiden

Zum Beispiel einen stattlichen Steinbutt. Bei dem wäre auch ein Filet zu groß für die Pfanne, deshalb zerlegt man ihn gerne in Scheiben oder Steaks. Zuerst Flossenrand mit der Schere abschneiden, den Kopf mit dem Messer in einem Halbkreis ganz abschneiden. Dabei dicht am Kopf schneiden, um so wenig Filet wie möglich zu verschwenden. Jetzt den Fisch entlang der feinen dunklen Linie bis zur Mittelgräte einschneiden, mit einem Küchenbeil längs in beide Hälften hacken. Jede Hälfte quer in drei bis vier Stücke schneiden, eventuell kommt hier noch mal das Beil zum Einsatz.

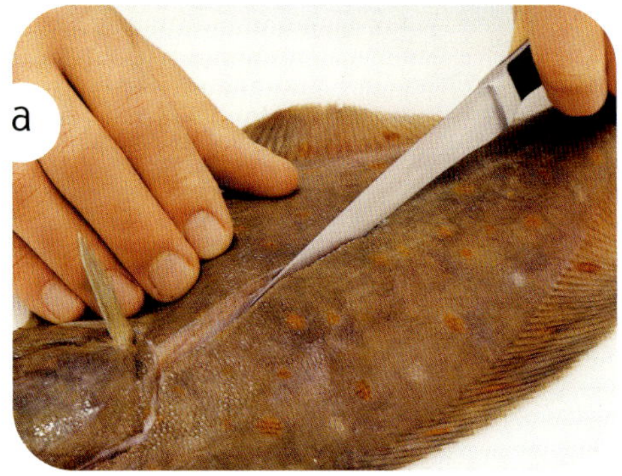

Fisch für Fortgeschrittene

Fischfilets häuten

Dicke Haut schmeckt nicht, blasse genauso wenig. Außerdem will ich das Filet jetzt doch nicht braten, sondern fein füllen und aufrollen. Also weg mit der Haut!

Und wieder mal ist alles ganz einfach, bis auf den Anfang vielleicht, denn der will gefunden werden. Danach läuft aber alles wie von selbst – da die Fischhaut viel stabiler ist, als wir sie uns vorstellen. Und so das Filet mit einem scharfen Messer mühelos in einem Stück davon runter geht.

Der Imker, mein bester Freund

Vielleicht schon mal gesehen oder sogar selbst erlebt: Das Fischfilet liegt fertig zum Häuten auf dem Brett und verkrampfte Finger halten ganz fest sein schmales Ende. Anders würde einem das glitschige Teil auskommen ... Irrtum. Schlaue Fischer haben sich den Imker zum Freund gemacht und sich bei ihm eine Imkergabel besorgt (im Imkerfachgeschäft). Die gibt es in verschiedenen Breiten mit langen dünnen Zinken, die die Fischhaut mühelos auf dem Brett fixieren. Aber der Reihe nach: Das Filet liegt also mit der Hautseite nach unten da – und zwar mit dem Schwanzende zu uns. Jetzt das erste Stück des Fischfleischs abschneiden, damit man überhaupt an die Haut rankommt. Die jetzt mit der Imkergabel (guter Ersatz: ein Fonduespieß oder eine Kuchengabel) aufs Brett drücken und halten und mit der Messerklinge zwischen Haut und Fischfleisch fahren. Das Fischfleisch mit leicht sägenden Schnitten ganz dicht an der Haut abschneiden (Bild d). Ist man schon ein Stückchen weiter, einen Teil vom Fischfleisch nach oben umklappen, damit die Sicht wieder freier wird. Ein paar Gräten wird das Filet wohl noch haben. Die rauslösen, wie wir's am Anfang schon gelernt haben (siehe Seite 16).

Dreimal »S« – muss das sein?

Wer früher Hauswirtschaft als Schulfach hatte, macht es ganz automatisch: Fisch mit Wasser **s**äubern, mit Zitronensaft **s**äuern und mit Salz **s**alzen. Das war ein Muss. Aber: Fisch, der ganz frisch und fein nach See oder Meer duftend aus dem Geschäft kommt, hat das Waschen gar nicht unbedingt nötig. Und auch der Zitronensaft ist nicht obligatorisch. Denn so manch ein Filet, das mit einer zarten Sauce kombiniert werden möchte, schmeckt intensiver, wenn es nicht gesäuert wird. Doch eins ist sicher: Wenn Saures an den Fisch kommt, dann vor dem Salz. Wäre das nämlich schon drauf, würde es mit dem Zitronensaft zum Teil wieder wegschwimmen.

d

Mit oder ohne Haut, das ist hier die Frage?

Einige sind sich da kompromisslos sicher, sie mögen keine Haut. Andere waren wagemutig, haben etwa einen gegrillten Fisch mit Haut probiert – und sind seither restlos begeisterte Fisch-mit-Haut-Esser. Weil eine knusprige Haut einfach köstlich schmeckt. Und weil sie das Aroma des Fisches noch intensiver macht. Im Grunde kann man die Haut aller Fische mitessen, vorausgesetzt sie sind geschuppt oder haben so zarte, essbare Schuppen wie der Saibling. Nicht so gut schmeckt allerdings die Haut großer Fische und dicke Haut wie die vom Schwert- oder Tunfisch. Außerdem: nur knusprige Haut ist wirklich lecker, also die von gebratenem und gegrilltem Fisch.

Meeresfrüchte vorbereiten

Garnelen & Muscheln

Es ist wie beim Turmbau zu Babel: Garnele, Kaisergranat, Scampo, Krevette, Langustine, Gamba. Viele Namen sorgen für Verwirrung. Einfacher bei den Muscheln: Mies, Venus, Jakob.

Schlicht gesagt unterscheiden wir nur zwei: Garnelen und Scampi. Erstere sind mal groß, mal klein, haben einen gekrümmten Körper, aber nie Scheren. Anders die Scampi, sie sind von gerader Statur und dürfen ein Schneidewerkzeug ihr eigen nennen. Dazu ist das Fleisch noch feiner als das der Garnelen. Bei den Muscheln interessieren uns vor allem die kleinen grauen bis braunen Venusmuscheln, die größeren schwarzen Miesmuscheln und die riesigen Jakobsmuscheln.

Garnelen & Co. schnell vorbereiten

Die grünlichen, gräulichen oder bräunlichen **Garnelen** liegen mit Schale roh (waren oft schon tiefgekühlt, also am Tag des Einkaufs, spätestens am nächsten essen) oder mit oder ohne Schale gegart in der Theke, erst durch Hitze verfärben sie sich rötlich. Nur die rote Tiefseegarnele »Gambero rosso« ist roh schon rot.
Gegrillt werden sie roh samt Schale, sonst kommt die weg (erleichtert das Essen): Den Kopf mit einem Ruck abziehen, die Schale Stück für Stück von der Bauchseite her abheben und ablösen, die Beine dabei gleich mitnehmen. Am Garnelenrücken ist unterm Fleisch jetzt meistens eine feine schwarze Linie zu sehen, der Darm. Das Fleisch entlang dieser Linie leicht einschneiden, den Darm herauslösen (siehe Bild a). Garnelen waschen, trockentupfen, fertig. Und: Beim **Scampo** geht es genauso.

In Sachen Muscheln

Muscheln kaufen wir lebend, weswegen sie auf alles reagieren, was um sie herum passiert. Um sich zu schützen, schließen sie ihre Schalen fest, wagen aber auch mal einen Blick nach draußen. Wenn dann Gefahr droht (Wasserstrahl beim Waschen!) machen sie wieder dicht. Sollten sie jedenfalls. Schließen sie sich beim Waschen nicht, sind sie nicht mehr ganz fit. Offene Muscheln dann aussortieren, wegwerfen. Nach kurzer Zeit in der Hitze sind Muscheln gar. Der Muskel, der beide Schalen bewegt, arbeitet nicht mehr, die Muscheln sind offen, und wir kommen an ihr Fleisch. Ist die Muschel jetzt zu, stimmt was nicht. Neugierig? Bitte beherrschen, geschlossene Muscheln geschlossen lassen und aussortieren.
Ach ja, Muscheln gibt's das ganze Jahr über, auch in Monaten ohne »r« im Namen. Dank der guten Kühl- und Transportmöglichkeiten kommen sie aus kühlen Gewässern auch in den heißen Monaten gut zu uns.

Jakobsmuscheln schnell vorbereiten

Muschel mit der flachen Seite nach oben in die Hand nehmen und gut festhalten. Mit einem stabilen Messer zwischen die Schalen fahren, den Muskel aufspüren, der die Schalen verbindet, und durchtrennen (siehe Bild b). Obere Schale abheben, Fleisch mit dem Messer von der unteren ablösen. Weißes Fleisch und orangen Rogen (Corail) vom grauen Rand und schwarzen Magensack befreien (siehe Bild c).

Meeresfrüchte vorbereiten

Tintenfisch & Oktopus

Viele oder wenige Arme, Saugnäpfe oder keine, klein oder groß, weiß oder rötlich – in dieser Familie ist einiges geboten. An Aussehen ebenso wie an Zubereitungsmethoden.

Who ist eigentlich who? Der Sepia hat einen großen Körper und zehn kurze Fangarme. Wenn man Tintenfischfleisch verlangt, bekommt man ihn. Der lange schlanke Körper des Kalmar ist mit zehn langen Fangarmen bestückt. Er steckt als italienischer Calamari fast immer in der Panade, wenn es Tintenfischringe gibt, wird aber auch zum Füllen und in Stücken verwendet. Bei beiden nimmt man bei großen Exemplaren das Fleisch vom Körper, bei den kleinen (ital. seppioline oder calamaretti) nimmt man alles. Der größte unter ihnen heißt Oktopus oder Krake (in Italien polpo) und hat beeindruckende Saugnäpfe an den acht dicken Armen, die auch dann im Kochtopf landen.

Was wichtig ist

Schaun wir mal in die Auslage vom Fischhändler. Da liegen kleine Tintenfischchen – seppioline oder auch Mini-Oktupusse. Und dann gibt es noch Kalmar-Beutel, meist schon ohne Fangarme. Irgendwo sind vielleicht noch ein paar Tütchen mit Tinte versteckt, die man extra kaufen kann. Mehr ist nicht. Vieles, was in den Büchern steht, müssen wir also gar nicht wissen. Oder? Nein, müssen wir nicht. Außer, wenn ein Tintenfisch noch mit der Tinte in die Tüte soll. Den müssen wir aber ohnehin vorbestellen und dann kann der Fischhändler gleich erklären, was zu tun ist. Ansonsten einfach nur Tintenfisch sagen, wenn Sepia oder Kalmar gebraucht wird. Passt beides. Nur den großen Oktopus nennen wir beim richtigen Namen.

Körper vorbereiten

Soll es frittierte Tintenfischringe, gewokkte Tintenfischstücke oder gefüllte Tintenfische geben, am besten gleich Tintenfischkörper (Tuben) ohne Fangarme und Kopf kaufen. In den Körperbeuteln ist oft etwas Hartes zu spüren, das ist ein transparentes längliches Teil namens Fischbein. Das einfach herausziehen (siehe Bild d). Ist der Tintenfischkörper schön weiß? O.k. Oder hat er eine leicht fleckige Haut (siehe Bild d)? Wenn ja, diese halb durchsichtige, dünne Haut abziehen. Wer ganz kleine Tintenfischchen kauft, muss sie nur waschen. Sie sind so zart, dass alles mitgegessen werden kann. Diese braten oder frittieren. Besonders hübsch: Wer den Tintenfisch im Wok braten will, kann es wie die Asiaten machen und das Fischfleisch auf einer Seite (Innenseite!) mit einem scharfen Messer im Karomuster einschneiden, aber nicht zu tief. Dann erst in Stücke teilen.

Oktopus vorbereiten

Darf es ein leckerer Salat werden oder ein geschmortes fleischiges Ragout, dann kaufen wir einen Oktopus. Der wird in der Regel ohne Körper angeboten, also nur die Fangarme mit dem fleischigen Ring, der sie zusammenhält. Darin liegen noch die harten Kauwerkzeuge (sehen aus wie ein

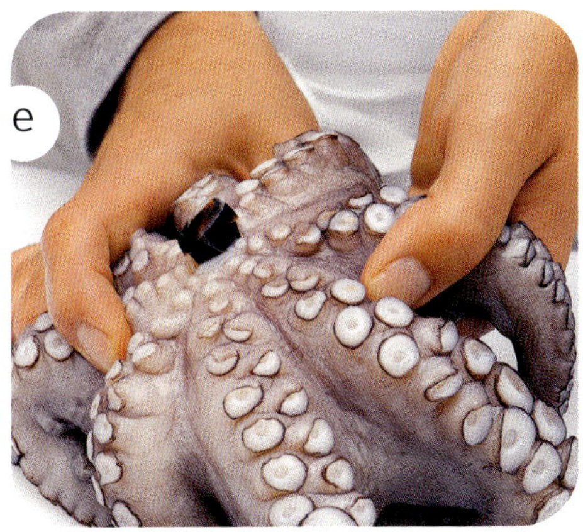

Schnabel). Um sie zu entfernen, Fangarme auseinander biegen (Saugnäpfe nach oben) und von hinten durchdrücken (siehe Bild e). Die rötliche Haut, die die Arme überzieht, kann man nach dem Garen (das viel länger dauert als beim Tintenfisch) gut unter fließendem Wasser abbürsten. Dann erst das Fleisch klein schneiden.

Braten · Grillen Frittieren

Gute Hitze braucht der Fisch, wenn er aus der Pfanne, vom Grill oder aus dem heißen Fett kommen soll. Und eine angemessen kurze Garzeit, damit er dabei nicht austrocknet.

Filets und kleinere Fische, Garnelen und Tintenfisch(chen) – alles, was schnell gar ist, ist gut fürs Braten, Grillen oder Frittieren. Zu dicke Fische oder ein Oktopus sind also hier nicht gefragt.

Braten

Die passende Garmethode für kleinere ganze Fische (so bis zu 350 g Gewicht) und natürlich für Filets. Die Hitze ist die ganze Zeit über mittel bis hoch, die Garzeit kurz. So bildet sich außen eine knusprige Kruste und innen bleibt der Fisch trotzdem zart. Wichtig: ob Filet oder ganzer Fisch – das Wenden geht leichter, wenn sich eine Kruste gebildet hat, sonst setzt zu viel am Pfannenboden an.
Passende Küchengeräte: Bratpfanne (wer die Wahl hat, nimmt eine beschichtete), Bratwender (am besten aus Holz).
Passendes Fett: Öl (von neutralem Sonnenblumen- bis zu würzigem Olivenöl), Butterschmalz oder Butter. Butter aber besser mit wenig Öl mischen. So schenkt sie dem Fisch ihr feines Aroma, ohne zu verbrennen.

Braten mit Haut

Fischfilets gibt's mit und ohne Haut. Wer sie gerne mitisst (bei welchen Fischen die Haut schmeckt, steht auf Seite 21), sollte das Filet entsprechend kaufen. Damit dann das Ganze ein knuspriges Vergnügen wird, legt man das Filet mit der Haut zuerst in die Pfanne. Auch, wenn sich das Filet dann erst mal biegt. Es wird von selber wieder flach! Ist die Haut schön knusprig, mit dem Bratenwender darunter fahren, Filet umdrehen (löst sich jetzt fast von selbst vom Pfannenboden; siehe Bild a) und nur noch ganz kurz die andere Seite braten.
Passende Küchengeräte: siehe Braten.
Passendes Fett: siehe Braten.

a

b

Pfannenrühren

Zutaten schön klein schneiden, den Wok anheizen, das Öl reinschütten und los geht's. In Minutenschnelle ist der Teller gefüllt. Vorraussetzung: Alles ist vor-bereitet, damit man zwischendurch nicht mehr abgelenkt ist. Die Hitze muss hoch sein und das Rühren stet, damit nichts ansetzt, bevor es gar ist. Dazu ist natürlich wichtig, dass die Konsistenz des Fisches stimmt. Festes Fleisch soll er haben oder aber gleich ein Tintenfisch oder eine Garnele sein.
Passende Küchengeräte: der Wok oder eine richtig große Pfanne und ein Spatel zum Rühren.
Passendes Fett: neutrales Öl, zum Beispiel Erdnuss-, Sonnenblumen- oder einfach Pflanzenöl.

Optimale Garmethoden für ...

Braten: alle Fischfilets, Portionsfische von bis zu etwa 350 g (größere besser im Ofen zubereiten), Tintenfisch (größere in Stücken oder die kleinen im Ganzen) und Garnelen. Zum Pfannenrühren nur festfleischige Fische (siehe Seite 17), Tintenfisch oder Garnelen nehmen.

Grillen: alle festfleischigen Fischfilets wie Tunfisch oder Schwertfisch, Tintenfischfleisch in Stücken oder Tintenfischchen, ganze Portionsfische von bis zu etwa 350 g, größere Fischstücke wie ein Seeteufelschwanz.

Frittieren: Ob mit oder ohne Panade oder Teig ums Fischfleisch – beim Frittieren steht das reine Fischaroma in leichter Konkurrenz zum Fett. Also muss es nicht der edle Fisch sein. Besonders lecker sind Seelachs, Schellfisch oder Kabeljau, aber auch Garnelen oder Tintenfischringe schmecken gut im Teig.

GARZEITEN

	dünnes Fischfilet	dickes Fischfilet	ganzer Fisch	Garnelen	Tintenfisch
braten	1–2 Min. pro Seite	2–3 Min. pro Seite	5 Min. pro Seite	bis sie rot sind	1–2 Min. rundum
grillen	nicht geeignet	3–4 Min. pro Seite	7–10 Min. pro Seite	bis sie rot sind	3–4 Min. pro Seite
frittieren	nicht geeignet	3–4 Min.	3–4 Min. (kleine Fische)	3–4 Min.	3–4 Min.

Grillen über Holzkohle

Das ist im Sommer der Hit! Riecht gut, schmeckt gut, gelingt immer. Man muss nur die Kohle rechtzeitig anheizen. Ungefähr 30 Minuten braucht sie nämlich, bis sie durchgeglüht ist, und vorher geht mit Grillen gar nichts. Also: etwa 5 cm hoch Kohle in den Grill füllen. Einen Grillanzünder und vielleicht ein wenig zerknülltes Papier zwischen die Kohlenstücke legen und anzünden. Warten, bis es brennt, und die Kohle an manchen Stellen rötlich glüht. Wenn das Ganze schwächelt, auch mal mit dem Blasebalg oder dem Föhn nachhelfen. Aber NIE Spiritus oder sonst was agressives Flüssiges über die Kohle gießen!!!! Wenn die Kohle schön glüht und ein weißlicher Flaum die Stücke bedeckt, gleichmäßig im Grill verteilen und loslegen.
Passende Küchengeräte: Grillkörbe in Fischform für ganze Fische (siehe Bild b; unbedingt gut einölen), Grillrost und Spieße für kleine Fische, Tintenfischchen und Garnelen (Holzspieße vorher 1 Stunde in Wasser legen, damit sie über der Glut nicht zu brennen anfangen), Grillzange.
Passendes Fett: Öl oder eine Marinade zum Einpinseln (Butter verbrennt zu leicht).
Alternative: Außer Holzkohlen- gibt es noch andere Outdoor-Grills, die mit Gas oder Strom laufen – einfach nur anschalten und rund 10 Minuten warm laufen lassen.

Grillen im Backofen

Funktioniert auch gut, hat bloß nicht das Freiluftflair und der Fisch ein bisschen weniger Aroma. Hier die Grillschlangen des Ofens anstellen (ohne zusätzliche Umluft, die braucht es bei den kurzen Garzeiten nicht). Fischfilets oder ganze Fische aufs Backblech oder den Rost überm Backblech legen, unter die heißen Schlangen schieben – mit etwa 10 cm Abstand. Nach Rezeptangabe grillen, dabei wenden. Am besten öfter nachschauen, wie weit der Fisch ist.
Passende Küchengeräte: Gitterrost und Backblech oder feuerfeste Form.
Passendes Fett: nicht nötig, meist reicht eine Marinade. Eventuell mit Öl einpinseln.
Alternative: Die Grillpfanne einölen und auf dem Herd gut heiß werden lassen. Fisch oder Meeresfrüchte darin braten.

Frittieren

Fischstücke, Tintenfischringe oder Garnelen von einer knusprigen Teighülle umgeben oder kleine ganze Fische – einfach lecker! Und nur eins ist absolut wichtig: Das Fett muss so heiß sein, dass der Teig rasch kross wird oder die Fischchen außenrum eine Kruste kriegen. Dann ist das Ganze keine fettige Angelegenheit! Die Kruste verhindert, dass das Fett in Teig oder Fisch eindringen kann. Also immer den Hitzetest machen: den Stiel eines hölzernen Kochlöffels ins Fett halten. Wenn gleich ganz viele kleine Bläschen rundherum tanzen, ist das Fett heiß genug. Um diese Temperatur zu halten, die Fischstücke nicht auf einmal in den Topf geben (das würde das Fett zu sehr abkühlen), sondern in ungefähr drei Portionen. Das Frittierte nach dem Backen mit einem Schaumlöffel aus dem Fett heben und auf einer dicken Lage Küchenpapier kurz abfetten lassen.
Passende Küchengeräte: ein weiter Topf, eine große tiefe Pfanne oder noch besser der Wok (er ist unten schmal und oben weit, das ergibt eine große Fettfläche, man braucht aber nicht so viel Fett wie für Topf oder Pfanne), Schaumlöffel.
Passendes Fett: Butterschmalz oder Öl, das sich gut erhitzen lässt (also einfaches Öl, aber auch würziges Olivenöl).
Übrigens: Nach dem Frittieren das Fett nicht wegschütten, sondern abgekühlt durch ein feines Sieb zurück in die Flasche laufen lassen und bei Bedarf neu erhitzen. Erst wenn es allzu heftig nach Frittiertem riecht, in der Flasche in den Restmüll werfen, nicht in den Abfluss schütten!

Dünsten • Dämpfen Pochieren

Ihr Name ist Sanftmut – wenig Fett, viel Flüssigkeit oder aufsteigender Dampf. Und in jedem Fall so viel Zurückhaltung, dass auch der zarteste Fisch zart und saftig bleibt.

Schonender geht's nicht: Nährstoffe, Geschmack und Struktur werden bei diesen Garmethoden so rücksichtsvoll behandelt, dass sie kaum Einbußen erleiden. Und dazu ist es auch noch eine fast fettfreie Zone, vorausgesetzt die Garflüssigkeit ist nicht pure Butter oder reines Olivenöl. Was einen Versuch aber durchaus einmal wert wäre ...

Dünsten

Ein bisschen Fett und wenig Flüssigkeit, mehr braucht es nicht, um ein Fischfilet oder einen ganzen Fisch zu dünsten. Oft sind aber Gemüse, Kräuter und Gewürze mit von der Partie. Auf einem Gemüse-Bett wird der Fisch nämlich nicht nur gut gegart, sondern auch noch mit Aroma verwöhnt.

Die einfachste Variante: Fett in Pfanne oder Topf erhitzen. Fischfilet oder Fisch darin bei sanfter Hitze leicht andünsten. Flüssigkeit dazu, Deckel drauf und fertig garen. Für die edlere Variante kommt nicht der Fisch ins Fett, sondern fein geschnittenes Gemüse, zum Beispiel Wurzelgemüse, Spinat oder Pilze und Tomaten. Kurz andünsten, dann die Flüssigkeit dazu und den Fisch auf dieses Bett legen (siehe Bild a) und garen.
Passendes Küchengerät: eine weite hohe Pfanne mit Deckel oder ein weiter Topf.
Passendes Fett: Butter für den puren Geschmack, verschiedene Öle (ganz nach Gusto) für das besondere Aroma.

Dämpfen

Heiße Flüssigkeit braucht es dazu, deren Dampf den Fisch zart umhüllt und gart. Und vor allem natürlich ein Behältnis, das es dem Dampf ermöglicht, ans Fischfleisch zu gelangen. Im Idealfall ist das ein Dämpfkorb aus Bambus oder auch aus Edelstahl. Im nicht ganz so perfekten, aber durchaus machbaren Fall ist das eine Eigenkonstruktion. Und die geht so: Eine hitzefeste Tasse oder einen Becher umgedreht in den Topf in die Flüssigkeit stellen. Tasse oder Becher müssen dabei die Flüssigkeit überragen. Den Fisch auf eine längliche Platte oder einen großen Teller legen – beides darf die Topfgröße nicht überschreiten – und auf die Tasse stellen (siehe Bild b).

In jedem Fall aber wird die Flüssigkeit zum Kochen gebracht, dann der Deckel aufgelegt und der Fisch bei starker Hitze im Dampf gegart. Die Flüssigkeit im Topf kann Aroma abgeben und auch aufnehmen. Grund genug, sie nach dem Dämpfen nicht zu vergessen, sondern als Grundlage für eine Sauce zu verwenden. Wer ohne Rezept kocht: Einfach kurz einkochen lassen und würzen. Je nach Topfqualität, Hitze und Dauer des Dämpfens kocht die Flüssigkeit unterschiedlich stark ein. Also zwischendurch nachschauen, ob noch genug davon im Topf ist, und bei Bedarf wieder auffüllen. Besonders fein: Dämpfkorb, Teller, Platte vor dem Befüllen mit dem Fisch mit zarten Gemüseblättern – etwa von Chinakohl, Spinat, Mangold – oder anderem auslegen.

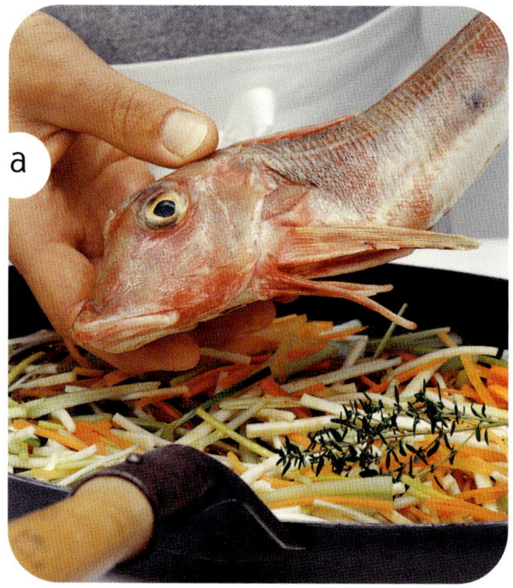
a

b

Optimale Garmethoden für ...

Dünsten: alles außer Tintenfisch, Oktopus und Muscheln, außer sie sind schon vorgegart.

Dämpfen: alles außer Tintenfisch, Oktopus und Muscheln, außer sie sind schon vorgegart; auch Garnelen mit oder ohne Schale.

Pochieren: dickere und vor allem festfleischige Filets (siehe Seite 17), ganze Fische (für die großen braucht man einen länglichen Fischtopf); auch Garnelen mit oder ohne Schale.

GARZEITEN

	dünnes Fischfilet	dickes Fischfilet	ganzer kleiner Fisch	ganzer großer Fisch	Garnelen
dünsten	1–2 Min.	4–5 Min.	8–10 Min.	20–25 Min.	nicht geeignet
dämpfen	3–4 Min.	5–6 Min.	10 Min.	15–20 Min.	3–4 Min.
pochieren	nicht geeignet	3–5 Min.	10 Min.	15–20 Min.	1–2 Min.

Passende Küchengeräte: ein weiter Topf oder noch besser der Wok, der hat in jedem Fall genug Platz; Dämpfkorb oder Tasse, Teller oder Platte.
Passende Flüssigkeit: für die einfache Variante Wasser, für die edlere Fischfond oder ein feiner Sud aus Wasser, Gewürzen und Zitronenschale oder -gras.

Pochieren

Viel Flüssigkeit – und zwar eine herrlich aromatische – und eine gut ausbalancierte Hitze, das ist das A und O beim Pochieren. Außerdem wichtig: Kochen darf die Flüssigkeit nicht, nur kleine Bläschen sollen leise darin nach oben steigen (der Profi sagt sieden dazu).

Ob die Flüssigkeit ein Fischfond ist oder eine gewürzte Wasser-Wein-Mischung, eine pikante Milch oder nur Olivenöl – da sind dem Koch kaum Grenzen gesetzt. Außer beim Blaukochen: ein Pochieren ganzer Süßwasserfische, deren Schleimschicht noch intakt sein muss (ist das nicht der Fall werden die Fische zwar gar, bekommen aber nicht die erwünschte bläuliche Farbe), hier braucht es Essig im Sud.
Passende Küchengeräte: ein großer Topf, für einen ganzen Fisch am besten ein länglicher Fischtopf mit Einsatz (siehe Bild c), mit dessen Hilfe man den Fisch gleich heil aus dem Sud heben kann.
Passende Flüssigkeit: Fischfond oder Wasser mit Weißwein, Gewürzen, Kräutern und ein bisschen Gemüse, beides ausreichend gesalzen.

Kochen

Richtiges Kochen ist in Sachen Fisch eigentlich nicht angesagt. Ausnahme: Muscheln. Da sie lebend in den Topf kommen, wählt man für sie einen schnellen Hitzetod – also richtiges Kochen. Und auch das Vorgaren von Tintenfischringen geschieht im sprudelnd kochenden Wasser. Ebenso gart ein Oktopus (der schon mal 1 Stunde braucht, bis er so zart und weich ist, wie man ihn haben will).

Stichwort: Modder

Süßwasserfische aus dem Teich leben manchmal in leicht schlammigem Wasser (man nennt das Modder). Damit ihr Fleisch hinterher nicht danach schmeckt, verbringen sie zwischen Aufzucht und Verkauf ein paar Tage in klarem Wasser. Ist die Zeit zu kurz oder fehlt sie ganz, kann ein Fisch nach Modder schmecken. Empfindliche Nasen nehmen den Geruch schon beim Auspacken des Fisches wahr und können sich vergewissern, wenn sie in den Bauch des Fisches schnuppern.

Viel machen kann man jetzt nicht mehr, allenfalls die Zubereitung mit Paprikapulver übertönt das unschöne Aroma. Manche behaupten zwar, das Ausreiben der Bauchhöhle mit Salz soll helfen. Aber der Geschmack sitzt ja schon im Fleisch. Da ist wohl eher der Wunsch der Vater der Idee. Der Fischhändler meint: Kann schon mal vorkommen. Ist halt wie beim Wein, ab und zu ist einfach ein korkender dabei.

Garen im Ofen

Relaxed cooking. Nichts simpler als das: einfach vorbereiten und in den Ofen schieben. Und Freunde beeindrucken – mit Ruhe und Gemütlichkeit und viel Geschmack!

Fischfilets, kurz und richtig heiß gegart, vor allem aber ganze Fische sind der Hit fürs Zubereiten im Ofen. Egal ob pur oder in einer schützenden Hülle, die manchmal Eigenaroma bewahrt, manchmal auch Zusatzgeschmack bringt.

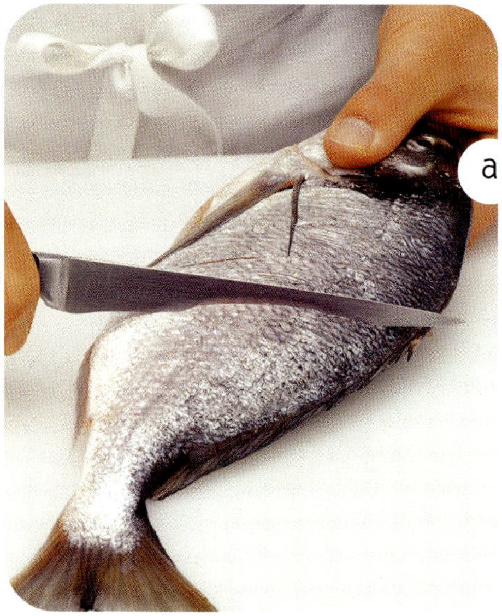

a

b

Vom Backblech oder aus der Form

Ein ganzer Fisch braucht reichlich Platz und ist deshalb auf dem Blech an der richtigen Bratstelle. Am besten auf einem Bett aus klein geschnittenem Gemüse oder Kartoffeln, sodass er nicht nur kross und gar wird, sondern seine Haut nicht am Blech anklebt und es gleich eine Beilage gibt. Fischfilets dagegen – mal pur, mal mit Brot- oder Kräuterkruste – sind in der feuerfesten Form, die auf den Gitterrost geschoben wird, besser aufgehoben. Darin kann sich Flüssigkeit sammeln, die den Fisch von unten saftig hält.
Übrigens: Ganze Fische werden so offen gebraten gleichmäßiger gar, wenn man die Haut in Abständen von 3–4 cm leicht schräg mit einem scharfen Messer einschneidet (siehe Bild a). Dabei aber nicht zu tief ins zarte Fischfleisch schneiden.

Niedriggaren

80 Grad, die eigentlich bei dieser Garmethode bei Fleisch und Geflügel gängig sind, sind fürs Fischfilet, das einfach nur in der Form im Ofen gart, ein bisschen zu wenig. Bei 100 Grad aber wird das Filet super zart – und gart auch der ganze Fisch, den man wie Geflügel vorher kurz in Öl gebraten hat.
Das Fleisch von Fischfilet wie vom ganzen Fisch zergeht auf der Zunge, wird aber aufgrund der niedrigen Temperatur nicht super heiß. Deswegen auf dem gut vorgewärmten Teller servieren. Und unbedingt nur absolut frische Fische kaufen! Am besten den Fischhändler fragen, was man roh essen könnte.

In der Salzkruste

Sie schützt und bringt Aroma und beim Servieren wird sie zum Event. Denn dann wird der Hammer geholt und bei Tisch die dicke Kruste aufgeschlagen. Das macht Spaß und Eindruck.

Aber zuerst braucht es reichlich Salz, ganz normales oder Meersalz für die besonderen Gelegenheiten. Das kann etwas gröber sein, sollte aber nicht ganz große Körner haben, sonst hält der Salzteig nicht richtig gut zusammen. Ideal, weil schön fein und toll aromatisch, aber auch teuer: Maldon Sea Salt aus England (gibt es auch bei uns inzwischen in manchen Geschäften zu kaufen).
In jedem Fall wird das Salz mit Wasser und Eiweiß verrührt, bis es zusammenhält, und der Fisch dann darin verpackt (siehe Bild b). Dieser ist immer ungesalzen, denn durch seine Haut dringt genügend vom Salzteig in das Fischfleisch. Und die Haut selber ist nach dem Garen so salzig, dass man sie besser nicht mitisst. Einfach abziehen.

Optimale Garmethoden für ...

Offen braten: dickere Fischfilets bei starker Hitze, dünnere bei ganz kurzen Garzeiten und zarte bei Niedriggaren, ganze Fische bei mittlerer Hitze auf aromatischen Zutaten.

In Salz hüllen: ganze Fische mit Haut wie eine Lachsforelle, aber auch Wolfsbarsch, Seewolf oder Dorade sind fein.

Im Bratschlauch oder Teig: ganze Fische wie Saibling, Lachsforelle oder auch größere Stücke wie das Schwanzstück vom Lachs.

In Folie oder Papier wickeln: Filets und ganze Fische.

GARZEITEN

	dünnes Fischfilet	dickes Fischfilet	ganzer kleiner Fisch	ganzer großer Fisch
offen braten	5 Min.	6–8 Min.	10–15 Min.	20–25 Min.
in Salzkruste	nicht geeignet	nicht geeignet	20 Min.	30 Min.
in Folie oder Papier	15 Min.	25 Min.	30 Min.	40 Min.
100 Grad	nicht geeignet	20 Min.	30 Min. (angebraten)	nicht geeignet
im Bratschlauch	nicht geeignet	nicht geeignet	20 Min.	30 Min.
im Teig	nicht geeignet	nicht geeignet	30 Min.	40 Min.

Das feine Extra: Unter den Salzteig zum Beispiel Kräuter und Gewürze mischen und somit den Fisch noch mehr Aroma tanken lassen.
Das schöne Extra: Wer gerne bastelt und noch mehr Eindruck schinden will, baut sich eine »Schablone« in Fischform (aus mehrfach gefalteter Alufolie), gibt etwas Salzteig rein, legt den Fisch drauf, bedeckt diesen mit Teig und schiebt alles in den Ofen.

Im Bratschlauch und im Teig

Im Bratschlauch gart der Fisch fast wie im Dampf. Man legt ihn mit Gemüse, Kräutern und Gewürzen in den an einer Seite schon verschlossenen Schlauch, gibt ein bisschen Flüssigkeit (zum Beispiel Wein oder Fischfond) und ein Stückchen Butter dazu. Die jetzt noch offene Seite zuschnüren, den Schlauch ein paar Mal mit einer dicken Nadel einstechen und auf dem kalten Rost so in den vorgeheizten Ofen schieben, dass die Folie nicht an die heißen Ofenwände kommen kann.

Ein ganzer Fisch von ungefähr 1 kg braucht etwa 30 Minuten Garzeit bei 200 Grad. Und ist nachher wunderbar saftig, dazu wurde die Sauce und die Beilage gleich mitgeliefert. Das Gemüse und die Flüssigkeit einfach mit ein bisschen Crème fraîche, Kräutern oder Zitronenschale verrühren und dazu essen.

Im Teig backt der Fisch, ohne selber braun zu werden. Man kann ihn in Blätterteig, Strudelteig oder Filoteig hüllen und vorher noch mit einer Paste bestreichen. Lecker ist zum Beispiel eine Mischung aus Pilzen und altbackenem zerdrücktem Brot oder aus getrockneten Tomaten, Kapern und Brot mit ein paar Mozzarellawürfeln oder eine aus gegarten geriebenen Kartoffeln mit vielen Kräutern und 1 Ei darin. Ein großer Fisch im Teig braucht bei 200 Grad um die 40 Minuten, bis er auch innen durch ist. Dazu passt ein bunt gemischter Salat.

Aus der Folie oder dem Papier

Alufolie schirmt den Fisch vor zu starker Hitze ab und bringt ihn auf diese Weise dazu, einen Teil seines Saftes abzugeben, der sich gleich als spätere Sauce am Folienboden sammeln kann. Papier lässt dagegen mehr Hitze an den Fisch. So wird er durch die Hülle sogar leicht braun, ohne dass er austrocknet.

C

Alufolie immer mit der glänzenden Seite nach innen verwenden. Läge diese Seite außen, würde sie die Hitze stärker reflektieren, der Fisch bekäme weniger davon ab und bräuchte eine längere Garzeit. Für eine Hülle aus Papier am besten Pergament- oder Backpapier nehmen. Folie wie Papier einfetten, wer mag, und den Fisch mit den Kräutern, Gewürzen und dem Gemüse darin gut einpacken (siehe Bild c).

Backofen vorheizen

Wichtig: Fast alle Garzeiten sind bei diesen Zubereitungsmethoden eher kurz, also den Backofen immer vorheizen. Nur bei Umluft ist es nicht nötig, wenn die Garzeiten länger als 20 Minuten dauern.

Richtig essen

Fisch & Meeresfrüchte

Das wär' geschafft: Die Muscheln sind alle offen, der Aal schwimmt in seiner Sauce, die Forelle ist ganz geblieben. Und wie geht's weiter? Kein Thema, einfach essen!

»Nee, nee, lass mal, so ein ganzer Fisch ... das ist nicht meins. Ist viel zu umständlich das alles. Ein Filet ist mir lieber, das nehme ich immer. Ist schön einfach zu essen. Da muss ich nicht rumfummeln und habe nachher mehr Fleisch an den Gräten als auf der Gabel.« STOPP! Erstens ist ein samt Haut knusprig gebratener Fisch ein Hochgenuss und die in der Schale frisch gegrillten Garnelen ein Augen- und Gaumenschmaus. Das wollen wir uns doch nicht entgehen lassen. Oder? Und zweitens ist das Zerlegen ganz easy, wenn man weiß, wie es geht. Also üben wir doch gleich mal.

a

b

Fisch in Filets teilen

Haben wir doch schon beim frischen Fisch gemacht! Stimmt, aber in gegartem Zustand rückt man ihm von einer anderen Seite zu Leibe.
Zuerst kommt die Rückenflosse ab, falls sie noch dran ist. Die muss man jetzt nicht mehr mit der Schere abschneiden, sie lässt sich mit zwei Gabeln fassen und einfach abziehen. Die Haut auf der oberen Seite am Kopf vom Fleisch lösen und abziehen. Das geht gut, wenn man ein breites Messer nimmt und die Haut damit »aufrollt«. Nun den Fisch filetieren. Dazu mit dem Messer der Länge nach in die beiden Hälften teilen: einfach entlang der gut sichtbaren Mittellinie bis zu den Gräten einschneiden. Dann geht es besser mit zwei Löffeln weiter (bei ganz großen Fischen lieber auf eine Palette umsteigen). Damit kann man gut unters Filet fahren und von der Mittelgräte abheben, ohne dass es zerbricht (siehe Bild a). Nun die Mittelgräte, die auf dem unteren Filet liegt, samt Schwanz und Kopf mit der Gabel anheben und ablösen (siehe Bild b). Aber langsam und vorsichtig machen, damit kein Fleisch an den Gräten haften bleibt. Unteres Filet umdrehen, die Haut abziehen. Fertig!
Gut gemeinter Ratschlag der Großmutter: Die Backen sind das beste vom Fisch! Wer da keine unangenehmen Kindheitserfahrungen hat (Probier sie, die sind gut für dich!!), sollte sie unbedingt mitessen. Die Kiemendeckel nach hinten abheben und die Bäckchen herausholen, sie liegen quasi gleich hinter den Augen.

Bisher ging's um den Rundfisch, beim Plattfisch läuft das Filetieren aber eigentlich genauso. Bei einem großen ist es allerdings einfacher, die Haut in zwei Teilen abzuheben. Dazu die Haut auf der dunklen Seite entlang der Mittelgräte (die Linie zeigt sie an) mit dem Messer leicht einschneiden und zu den Seiten hin abheben.
Beim Aal geht es so: Der hat nur die Mittelgräte, an der sitzt das Fleisch aber ziemlich fest dran. Darum auf beiden Seiten der Gräte mit dem Messer davon abschneiden.

Kalter Fisch, schlechter Fisch

Wer wenig Übung hat, braucht vielleicht ein bisschen länger zum Filetieren. Da das zarte Fischfleisch (vor allem, wenn es ein

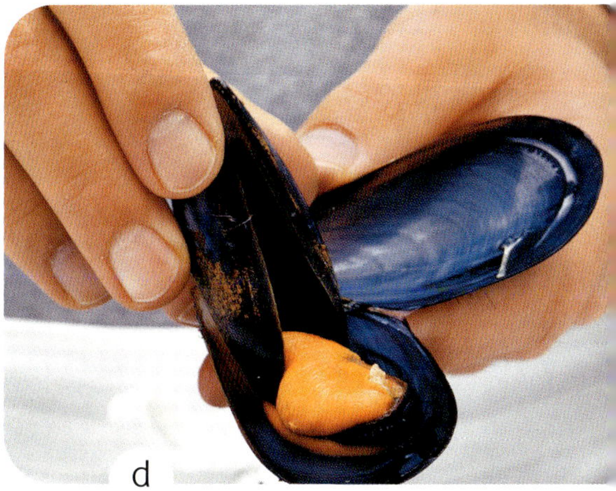

dünner Fisch ist) aber schnell kalt wird, ist Perfektionimus hier fehl am Platz. Wir plädieren dafür: Besser ein Filet in zwei oder drei Stücken auf dem Teller haben, als eins in einem Stück, das dafür schon eiskalt geworden ist.

Das rasche Auskühlen ist natürlich auch der Grund dafür, dass man den Fisch am besten immer auf warmen Tellern serviert. Zum Vorwärmen muss man nicht extra den Backofen anheizen. Einfach das Spülbecken mit gut heißem Wasser füllen, die Teller und Schüsseln reinstellen und Wärme tanken lassen. Vor dem Essen fix abtrocknen und befüllen.

Die Grätchenfrage

Im gegarten Fischfleisch sitzen die Gräten viel lockerer als im rohen, und man kann sie leicht rausziehen. Wird trotzdem eine verschluckt, rät die Nothilfe: Eine Zitrone auslutschen oder verdünnten Essig trinken und ein Stückchen Weißbrot oder eine zerdrückte gegarte Kartoffel essen. Meist löst sich die Gräte dabei. Tut sie's nicht, nicht den Held spielen, sondern den Arzt rufen!

Garnelen auslösen

Schon mal probiert, mit Messer und Gabel an das leckere Garnelenfleisch unter der Schale zu kommen? Gescheitert? Kein Wunder, das schafft nicht mal der Profi. Auch der löst mit den Fingern aus: Wenn der Kopf noch dran ist, den mit einem kräftigen Ruck abziehen (siehe Bild c). Dann von der Kopfseite aus die Schale Stück für Stück vom Bauch her anheben und abbrechen. Am Rücken sieht man jetzt wahrscheinlich den Darmfaden. Einfach mit den Fingern fassen und langsam (er reißt sonst ab) herausziehen. Oder drin lassen – und die Garnele gleich mit den Fingern essen.

Die Finger sind danach ziemlich fettig. Am besten jedem ein Schälchen Wasser mit ein paar Zitronenscheiben hinstellen. Damit kriegt man Fett und Geruch in einem ab.

Muscheln essen

Die zwei Muschelschalen jeder Muschel sind richtig gut verbunden und lassen sich super bewegen. Also funktionieren wir sie doch gleich zum Essbesteck um. Aus der ersten Muschel zupfen wir das Fleisch noch mit der Gabel aus den Schalen (geht manchmal ein bisschen schwer). Und dann: leere Muschelschale nehmen und damit das Fleisch aller anderen Muscheln greifen wie mit einer Zange (siehe Bild d). Ab jetzt wird der Muschelschalenberg stetig größer ...

Dazu gestellt

Brot steht beim Fisch- und Meeresfrüchteessen eigentlich immer mit auf dem Tisch, es darf aber zusätzlich eine Zitrone in Schnitzen sein, bei mediterranen Gerichten auch die Olivenölflasche. Ein paar Tropfen fruchtiges Olivenöl oder einige Spritzer Zitronensaft über dem Fisch geben manchmal den ganz besonderen Kick.
Auch mal probieren: Meerrettich frisch reiben und über pochiertem Fisch verteilen; Schale der Bio-Zitrone mit Knoblauch und Petersilie oder Basilikum ganz fein hacken und zu gebratenem Meeresfischfilet essen; Sesamsamen rösten und über Asia-Fisch streuen, eventuell mit Sesamöl abrunden; Pinienkerne ohne Fett goldbraun rösten und über Mittelmeerfische oder auch Fischsalate geben.

Fisch roh essen? Ja, aber ...

Oberstes Gebot: absolute Frische. Und das ist nicht bei allen Fischen und schon gar nicht bei allen Filets der Fall. Deshalb dem Fischhändler unbedingt sagen, dass man den Fisch roh essen will. Stichwort: Sushi-Qualität. Zudem den richtig frischen Fisch am Tag des Einkaufs essen. Wenn doch einmal 1–2 Tage zwischen Einkauf und Zubereitung liegen, lieber umdisponieren und ein Rezept aus dem Buch aussuchen, bei dem man den Fisch gart. Wenn's einem nämlich von Fisch schlecht wird, dann richtig.

Die Rezepte

basic

Kalt

Jeder hat mal kalt angefangen.

servieret

Jeder hat mal kalt angefangen, oder? Mit dem guten alten Krabbencocktail zum Beispiel, mit Mayo und Ketchup – hmm! Oder mit einem Matjessalat und ein paar Scheiben Graved Lachs(forelle) vom Buffet.

Das kann ja alles nicht so schlecht sein, wenn es so viele mögen. Finden wir auch. Es kann nur schlecht gemacht sein. Und damit das nicht passiert, haben wir auf den nächsten Seiten die Basic-Rezepte für die Klassiker versammelt – und manchmal dazu auch ein bisschen spezieller gemacht.

Aber das hier wäre kein Fish Basics, wenn darauf nicht noch ein paar kreative Überraschungen folgen würden – und wenn es nur die ist, dass hier doch tatsächlich das Rezept zu diesem Gericht zu finden ist, das wir damals in diesem ...

Als dann, eingetaucht in die Welt von Tunfischsalat und Graved Saibling, von Sashimi und Räucherfischmousse. Es wird serviert.

Luxus für alle

Sardellen-Butter-Trüffel

Pyramiden von Langusten, Canapes mit Kaviar satt, Hummercocktails – oh ja, mit Dingen aus dem Meer lässt sich schon Eindruck machen zum Auftakt eines Fests. Wenn dann aber das Geld schon alle ist, wird das eher eine kurze Veranstaltung. Doch man kann auch mit Witz statt Geld beeindrucken:

Dazu 1 Bund Schnittlauch waschen, trockenschütteln und fein schneiden. Nun 10 Sardellenfilets aus ihrem Öl fischen und kurz mit Küchenpapier trockentupfen, dann fein hacken. 100 g Pumpernickel zerpflücken und im Blitzhacker möglichst fein mixen (geht zur Not auch mit dem Mixstab). Das jetzt mit dem Schnittlauch mischen und davon 3 EL voll abnehmen. Den Rest mit Sardellen und 200 g weicher Butter vermengen. Mit 1 Spritzer Zitronensaft und Pfeffer abrunden. Nun mit dem Teelöffel kleine Portionen abnehmen und mit den Händen zu »Trüffeln« rollen, die im übrigen Pumpernickel gewälzt werden. 1 Stunde in den Kühlschrank damit.

Fisch und ...

... Sekt?

Genauer gefragt – Fisch und Schaumwein? Das passt gut, vor allem wenn man damit ins Menü einsteigt. Denn die Kohlensäure regt nicht nur den Appetit an, sie lässt Schaumwein noch »trockener« wirken, was gut zu Vorspeisen mit vollem Aroma passt: Räucherlachs, echter Matjes, Kaviar (so echt, wie man es sich leisten kann). Da guter Schaumwein mit Hefe gemacht wird, schmeckt er auch zu Toast und Baguette mit Fisch. Hergestellt wird die prickelnde Köstlichkeit in bester Qualität nach der traditionellen Flaschengärmethode (Champagner, Crémant, Cava). Günstigere Schaumweine reifen nur teilweise in der Flasche, gären im Tank oder ihnen wird Kohlensäure zugeschossen (Perlwein, Frizzante). Und der Prosecco? Ist eigentlich nur die Traube, aus der der geschätzte Prosecco-Spumante (italienischer Sekt) gemacht wird.

Tante Ilse rät

Wie ist das mit dem rohen Fisch?

Liebe Tante Ilse,
ich esse wirklich gerne Sushi und bis jetzt ist dabei auch nichts schiefgegangen. Nun will ich mal selbst welche machen, aber ist das nicht kritisch mit dem rohen Fisch? Und ist Matjes eigentlich auch roher Fisch?
Gero aus Nürnberg

Tante Ilse rät:
Fangen wir von hinten an. Matjes sind ein gutes Mittel, um den Spieß mal umzudrehen und uns von Japanern sagen zu lassen: »Meine Güte, was esst ihr denn da?« Na eben junge Heringe, die noch nicht mal wussten, ob sie Männchen oder Weibchen sind, als wir sie im Frühling samt einem Stückchen Bauchspeicheldrüse leicht eingesalzen haben, damit sie zu würzig-fetten Matjes werden. Eigentlich halten die nur ein paar Tage, weswegen sie früher eine rare Delikatesse waren. Heute werden Matjes eingefroren und nach Bedarf das ganze Jahr über aufgetaut und verkauft.

Rein theoretisch sollte das auch mit allem Fischfleisch geschehen, um Bakterien abzutöten, bevor es roh als Sushi, Sashimi oder Carpaccio serviert wird. Aber das geht meistens auf den Geschmack, wenn da kein Profi am Werk ist. Der ist auch gefragt, wenn wir ungegarten Fisch essen möchten. Sagt man dem Vertrauensfischhändler früh genug, dass man so was will, kann er sich drum kümmern, statt irgendwas aus der Theke zu nehmen. Oder frag' doch gleich deinen Sushi-Koch, ob er dir was besorgt (was aber teuer werden kann).

Unser liebster Fisch:

der Hering

engl. herring; franz. hareng;
holl. haring; norw. sild; schwed. sill

+ weil er fast der meist gegessene Fisch im Land ist und einst Grundnahrungsmittel war + weil er dafür bis heute am liebsten konserviert wird, was gut schmeckt + weil er frisch gebraten eine echte Entdeckung ist + weil er so oder so nicht viel kostet

Das ist er:
+ ein Verwandter von Sprotte, Sardine und Sardelle + ein Schwarmfisch, der sich von der Ostsee bis Kanada (Atlantischer Hering) und von Kalifornien bis Japan (Pazifischer Hering) herumtreibt + Matjes (junger, fetter und noch nicht abgelaichter Hering ohne erkennbaren Ansatz von Milch und Rogen, leicht eingesalzen) + Vollhering (ein ausgewachsener und magerer Hering, für frische »grüne« Heringe, geräucherte Bücklinge, kräftige Salzheringe) + Ihle (mager ohne Laich, Milch und Rogen, zum Einlegen wie zum Beispiel Rollmops und Brathering)

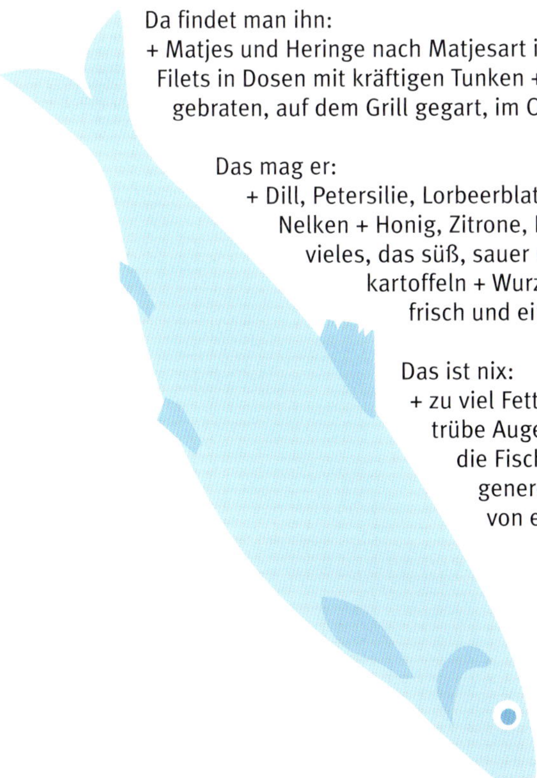

Da findet man ihn:
+ Matjes und Heringe nach Matjesart in Salaten und sahnigen Saucen + gegarte Filets in Dosen mit kräftigen Tunken + frische »grüne« Heringe in der Pfanne gebraten, auf dem Grill gegart, im Ofen gebacken, in Folie gedünstet

Das mag er:
+ Dill, Petersilie, Lorbeerblatt + Salz, Zucker, Pfeffer, Wacholderbeeren, Nelken + Honig, Zitrone, Essig, Rotwein, Bier, Milch, Aquavit sowie vieles, das süß, sauer und/oder scharf ist + Pell- und Salzkartoffeln + Wurzelgemüse, Lauch und Zwiebeln, Gurken frisch und eingelegt, feste süßsaure Früchte

Das ist nix:
+ zu viel Fettes extra dazu + graue Kiemen und trübe Augen (dann ist er nicht frisch) + Pfannen, die Fischhaut und -fleisch ankleben lassen + generell: Kochen und das (zu starke) Erhitzen von eingelegtem Hering

Fischbrötchen **Nr. 1**

Wiebkes Aalbrot

Das schmiert sich die Deern, wenn sie die Nase voll hat von den ewigen Krabbenbrötchen an den Sylter Strandbuden. Macht den Kopf frei dank reichlich frischem Meerrettich.

1 kleinen säuerlichen Apfel waschen und samt der Schale nicht zu fein raspeln. Dazu noch 2 cm von der frischen geschälten Meerrettichwurzel fein abreiben und das Ganze mit 100 g saurer Sahne vermengen. Kräftig mit Salz und Pfeffer abschmecken und mit 1 TL gehacktem Dill mischen.

Nun noch 4 nicht zu dicke und möglichst quadratische Scheiben Schwarzbrot (Pumpernickel geht auch) dünn mit Butter beschmieren und dann zwei Drittel der Apfel-Meerrettich-Creme draufstreichen.

Jedes Brot mit 2-3 Stücken Räucheraal dick belegen. Darauf die übrige Creme verteilen und nochmals ordentlich Meerrettich drüberreiben. Am Ende jeweils 1 kleinen Dillstängel aufstecken. Und fertig ist Wiebkes Aalbrot.

Tunfisch-Carpaccio

Hit aus Italien

Reicht für 4 als Einstieg:

300 g ganz frischer Tunfisch (am Stück)
1 Fenchelknolle (mit möglichst viel Grün)
6 EL Olivenöl
1 EL Zitronensaft
1 TL Fenchelsamen
Salz
Pfeffer aus der Mühle
1 Tomate
2 Knoblauchzehen
Zitronenspalten zum Garnieren

1 Um das Schneiden leichter zu machen: Tunfischstück in Klarsichtfolie wickeln und für 30–60 Minuten in den Tiefkühler legen. Es friert dabei nicht durch, sondern nur an, und wird auf diese Weise so fest, dass es sich leichter schneiden lässt. Inzwischen auf Messersuche gehen: gut scharf soll es sein und eine dünne Klinge muss es haben.

2 Fenchelknolle waschen und alle welken Stellen abschneiden oder die äußere Schicht ganz entfernen, das Grün beiseite legen. Den Fenchel längs vierteln, den Strunk aus jedem Viertel herausschneiden. Fenchel auf dem Gemüsehobel in feine Scheiben hobeln. 4 EL Olivenöl mit Zitronensaft verrühren. Mit den Fenchelscheiben und den -samen mischen und mit Salz und Pfeffer würzen. Fenchelgrün trockentupfen und hacken.

3 Die Tomate waschen und klein würfeln, dabei den Stielansatz wegschneiden. Den Knoblauch schälen und ganz fein hacken.

4 Vier normale Essteller aus dem Schrank holen. Auf jeden ein bisschen vom übrigen Olivenöl träufeln und verreiben. Fisch auspacken und aufs Brett legen. Mit dem Messer in möglichst feine Scheiben schneiden und auf den Tellern so auslegen, dass sie sich leicht überlappen. Den Fisch etwas salzen und wieder mit wenig Öl beträufeln.

5 Fenchel auf den Fischscheiben verteilen, mit den Tomatenwürfeln, dem Knoblauch und dem Fenchelgrün bestreuen. Mit Pfeffer übermahlen und mit dem übrigen Öl beträufeln. Zitronenspalten an den Tellerrand legen und das Carpaccio gleich essen.

So viel Zeit muss sein: 25 Minuten
(ohne die Zeit im Gefrierfach)
Das schmeckt dazu: knuspriges Weißbrot
Kalorien pro Portion: 320

Auch gut:

Schwertfisch, Seeteufel oder Goldbrassenfilets statt dem Tunfisch nehmen. Die Fischscheiben auf einem Bett aus Rucolablättchen anrichten, den Fenchel weglassen.

Fisch in Kokosmarinade

Frisch aus der Südsee

Reicht für 4 als Einstieg in ein exotisches Menü:

400 g ganz frischer Tunfisch oder Seeteufel
2 Limetten
200 ml Kokosmilch
1 kleine Salatgurke
2 Tomaten
1 milde rote Zwiebel
2 rote Chilischoten
Salz
Koriander- oder Basilikumblättchen zum Bestreuen

1 Den Fisch in kleine Würfel schneiden. Limetten aufschneiden und den Saft auspressen, mit der Kokosmilch mischen und über den Fisch gießen, abdecken. Fisch in der Kokosmischung im Kühlschrank über Nacht oder bis zum Abend ziehen lassen.

2 Dann die Gurke schälen und in kleine Würfel schneiden. Die Tomaten waschen und halbieren, den Stielansatz wegschneiden. Die Hälften in der Hand zusammendrücken, bis die Kerne rauskommen. Mit dem Messer abstreifen, Tomaten auch klein schneiden. Die Zwiebel schälen, die Chilischoten waschen und vom Stiel befreien. Beides zusammen sehr fein hacken.

3 Die geschnittenen Zutaten zum Fisch rühren, mit Salz abschmecken, mit Kräuterblättchen bestreuen und gut gekühlt essen.

So viel Zeit muss sein: 20 Minuten
(+ die Marinierzeit von etwa 8–12 Stunden)
Das schmeckt dazu: Weißbrot, Toastbrot oder Krupuk (frittiertes Krabbenbrot)
Kalorien pro Portion: 350

Fischtatar

Würziges aus Asien

Reicht für 4:

1 Stängel Zitronengras
4 Frühlingszwiebeln
1 Knoblauchzehe
1 Stück frischer Ingwer (etwa 2 cm)
1/4 Bund Koriander
1 EL helle Sesamsamen
300 g ganz frische Saiblingfilets (auch gut: Wolfsbarsch, Brasse oder Lachsforelle)
1 EL heller Reisessig
1 EL helle Sojasauce
1 EL Öl
Salz

1 Das Zitronengras waschen, das untere und das obere Ende abschneiden, die äußerste Schicht ablösen. Von den Frühlingszwiebeln die Wurzelbüschel und die welken grünen Teile abschneiden, Zwiebeln waschen. Knoblauch und Ingwer schälen. Koriander kalt abbrausen, trockenschütteln und die Blättchen abzupfen. Die Sesamsamen in einer Pfanne ohne Fett kurz rösten.

2 Zitronengras, Frühlingszwiebeln, Knoblauch, Ingwer und Koriander mit dem Sesam sehr fein hacken.

3 Das Fischfilet soll ohne Haut sein. Falls der Fischhändler diese noch nicht entfernt hat, auf Seite 21 nachschauen, wie es geht, und selbst machen. Falls nötig, auch die Gräten rausziehen. Fischfilets mit einem großen Messer in kleine Würfel hacken. Mit den anderen zerkleinerten Zutaten, Essig, Sojasauce und Öl locker mischen und mit Salz abschmecken. Auf vier Teller verteilen, gleich servieren.

So viel Zeit muss sein: 40 Minuten
Das schmeckt dazu: Weiß- oder Toastbrot
Kalorien pro Portion: 130

Graved Saibling

Mit viel Basilikum

Reicht für 4 als Vorspeise:

1 größerer Saibling (etwa 420 g) oder

2 Saiblingfilets mit Haut (etwa 310 g)

1 Bund Basilikum

1 größeres Stück Bio-Zitronenschale

2 TL Pfefferkörner

gut 1 EL Salz, gut 1/2 EL Zucker

Für die Sauce:

1/4 Bund Basilikum

1 Frühlingszwiebel

1 EL körniger Senf

1/2 EL scharfer Senf (z. B. Dijon)

1 EL Weißweinessig, 1 TL Honig

3 EL Öl, Salz

1 Ganzen Saibling waschen und filetieren (wie's geht, steht auf Seite 19) oder die Filets kurz trockentupfen. Gräten aufspüren und rausziehen.

2 Die Basilikumblättchen abzupfen und mit der Zitronenschale und dem Pfeffer grob hacken. Salz und Zucker mischen und auf die fleischige Seite von den Fischfilets streuen, die Kräutermischung auch darauf geben.

3 Die Filets mit der Hautseite nach außen zusammenklappen, in eine Porzellanform legen. Ein Stück Klarsichtfolie darüber decken und ein Brett auf den Fisch legen. Einen Stein oder ein schweres Gefäß aufs Brett legen und die Form in den Kühlschrank stellen. Den Fisch 24–36 Stunden marinieren. So alle halben Tage das Fischpäckchen einmal wenden, wieder zudecken, beschweren und weiter marinieren lassen.

4 Nach der Marinierzeit für die Sauce die Basilikumblättchen abzupfen und sehr fein hacken. Wurzelbüschel und welke Teile von der Frühlingszwiebel abschneiden, Zwiebel waschen und sehr fein hacken. Beide Senfsorten mit Essig und Honig verrühren. Das Öl und 1 EL Wasser nach und nach unterschlagen, die Sauce salzen. Basilikum und Zwiebel unterrühren.

5 Fisch abdecken, die Filets mit der Fleischseite nach oben auf das Küchenbrett legen. Ein sehr scharfes biegsames Messer leicht schräg ansetzen und das Fischfleisch in ganz dünnen Scheiben von der Haut abschneiden. Auf einer Platte anrichten. Flüssigkeit aus der Form unter die Sauce rühren. Sauce zum Fisch stellen.

So viel Zeit muss sein: 55 Minuten
(+ die Marinierzeit von 24–36 Stunden)
Das schmeckt dazu: Weiß- oder Toastbrot und frisch gepresster Zitronensaft
Kalorien pro Portion: 225

Auch gut:

Zur Abwechslung 1 Tomate häuten, entstielen, entkernen und ganz klein schneiden oder fein zerdrücken. Mit 100 g Crème fraîche oder saurer Sahne und 50 g süßer Sahne verrühren. Mit scharfem Senf, Salz und Pfeffer abschmecken. 1/2 Bund Basilikum fein hacken und untermischen. Statt der Senfsauce zum Fisch essen.

Brathering in Cidre-Marinade

Darauf wartet man gern einen Tag!

Reicht für 4 mit Hunger oder für 8 als Imbiss:

8 frische Heringe (etwa 800 g, heißen auch grüne Heringe),

Salz, Pfeffer aus der Mühle

2 EL Mehl, 2 EL Öl, 1 säuerlicher Apfel

1/2 Bund Schnittlauch, 2 TL Zitronensaft

Für die Marinade:

2 rote Zwiebeln, 400 ml trockener Cidre

150 ml Apfelessig, eventuell 2 EL Calvados

2 TL gelbe Senfkörner, 2 Lorbeerblätter

Salz

1 Die Heringe waschen, die Köpfe und die dünnen Bauchlappen abschneiden. Fische salzen, pfeffern und im Mehl wenden. Öl in einer großen Pfanne heiß werden lassen. Die Heringe darin bei starker Hitze pro Seite 3 Minuten braten. Aus der Pfanne heben und nebeneinander in eine flache Form legen.

2 Für die Marinade Zwiebeln schälen und in feine Ringe schneiden. Mit Cidre, Essig, Calvados, Senfkörnern und Lorbeerblättern aufkochen. Salzen, kurz abkühlen lassen. Über die Heringe gießen, auskühlen lassen. Abdecken, im Kühlschrank 1 Tag marinieren.

3 Apfel schälen, entkernen, klein würfeln. Schnittlauch waschen, trockenschütteln, in Röllchen schneiden. Mit Apfel und Zitronensaft mischen, über die Heringe streuen.

So viel Zeit muss sein: 35 Minuten
(+ 1 Tag Marinierzeit)
Das schmeckt dazu: Bauernbrot
oder Bratkartoffeln
Kalorien pro Portion: 350

Variante:

Roh marinierte Heringe

Heringe filetieren und mit der Hautseite nach unten in eine Form legen. Marinade mit 75 ml mehr Essig und 100 ml Wasser zubereiten, 2 EL Salz und 1 EL Zucker zugeben. Lauwarm über die Filets gießen und 2 Tage marinieren.

Sashimi

Für Puristen

Reicht für 4 als Einstieg:

400 g ganz frisches Fischfilet (der Klassiker ist Tunfisch, aber auch Makrele, Brasse, Wolfsbarsch, Schwertfisch sind gut)

etwas Wasabi (japanischer grüner Meerrettich, aus der Tube)

Für die Deko und die Sauce:

1 kleine Salatgurke

2 Möhren, 1 Stück Rettich (etwa 100 g)

1 Bund Brunnenkresse

1 geröstetes Nori-Algenblatt (gibt's im Asien- oder Naturkostladen)

100 ml Zitronensaft (ganz frisch gepresst!)

100 ml Sojasauce, 1 EL Zucker

1 Stück frischer Ingwer (etwa 5 cm)

1 Zuerst Deko und Sauce vorbereiten. Die Gurke waschen, Möhren und Rettich schälen. Gemüse einfach in feine Streifen schneiden oder sich einmal als Künstler versuchen und hübsche Dekos schnitzen. Brunnenkresse waschen und trockenschütteln, die Blättchen abzupfen. Das Nori-Blatt in feine Streifen schneiden (Küchenschere!).

2 Zitronensaft mit Sojasauce und Zucker verrühren, bis der Zucker sich löst. Ingwer schälen, fein reiben und untermischen. In Schälchen verteilen. Teller am Rand mit Gemüse und Brunnenkresse garnieren.

3 Tunfisch und Schwertfisch haben keine Gräten, aus den anderen Filets eventuell die Gräten rauszupfen. Japaner schneiden Tunfisch in Würfel, wir finden den rohen Fisch aber in dünnen Scheiben besser. Dafür braucht man ein richtig scharfes Messer. Den Fisch also in dünne Scheiben schneiden, bei dünneren Filets – etwa von der Makrele – schräg schneiden. Und: Zeit lassen! Das Ganze soll nämlich nicht nur schmecken, sondern auch gut aussehen. Auf die Teller verteilen, mit Nori-Streifen bestreuen. Beim Essen die Fischscheiben in die Sauce tunken, nach Lust und Laune mit Wasabi schärfen.

So viel Zeit muss sein: 20 Minuten
(wenn man kein Künstler sein will)
Das schmeckt dazu: traditionell gar nichts, aber Weißbrot ist für uns o.k.
Kalorien pro Portion: 280

Auch gut:

Sashimi als Hauptgericht essen, dann 600 g Fisch kaufen. Dazu schmeckt zum Beispiel ein Glasnudelsalat: 150 g Glasnudeln etwa 10 Minuten einweichen, abtropfen lassen. Mit je 4–6 EL Limettensaft und heller Sojasauce und gut 1/2 EL Sesamöl abschmecken.

Zweierlei Fischmousse

Für Probierfreudige: mal italienisch, mal asiatisch

Reicht für 4 als Brotzeit oder

für 6 als Vorspeise:

1 großer geräucherter Fisch oder 2 kleine geräucherte Fische (Renke, Saibling oder Forelle; insgesamt um die 500 g)

Für die Italo-Version:

1 frische Tomate

4 getrocknete Tomaten in Öl

1/4 Bund Basilikum, 80 g frischer Ricotta

2–3 TL Zitronensaft (Balsamico bianco ist auch fein)

Salz, Pfeffer aus der Mühle

Für die Asia-Variante:

1 Bund Schnittlauch

1 Stück frischer Ingwer (etwa 2 cm)

100 g saure Sahne

2 TL Wasabi (japanischer grüner Meerrettich, aus der Tube)

2 TL Limettensaft (ersatzweise Zitronensaft), Salz

1 Den Kopf vom Fisch abschneiden, die Haut abziehen und das Fischfleisch von der Mittelgräte ablösen. Übrige Gräten mit der Pinzette aus dem Fischfleisch zupfen. Fischfleisch in zwei ungefähr gleich große Portionen teilen.

2 Für die Italo-Version: Die frische Tomate waschen und klein würfeln, dabei Stielansatz wegschneiden. Die getrockneten Tomaten abtropfen lassen und fein schneiden. Basilikumblättchen in Streifen schneiden. Eine Portion Fischfleisch mit Ricotta und Zitronensaft fein mixen (Küchenmaschine oder Pürierstab). Tomaten mit Basilikum untermischen, die Masse mit Salz und Pfeffer würzen.

3 Für die Asia-Variante: Den Schnittlauch waschen, trockenschütteln und in feine Röllchen schneiden. Ingwer schälen und ganz fein hacken. Zweite Fischportion mit saurer Sahne fein mixen. Wasabi und Limettensaft unterrühren. Schnittlauch und Ingwer untermischen, die Mousse mit Salz abschmecken.

So viel Zeit muss sein: 30 Minuten
Das schmeckt dazu: knuspriges Weißbrot oder Toastbrot oder Grissini
Kalorien pro Portion (bei 6 Portionen): 95

Blitzversion:

Gleich geräucherte Filets ohne Haut kaufen (etwa 350–400 g). Sind die in Folie eingeschweißt, unbedingt mindestens 30 Minuten vorher davon befreien und Luft holen lassen.

Lachssalat mit Gurke

Edelfood für zwischendurch

Reicht für 4 als Imbiss:

1 kleinere Salatgurke

1 kleines Bund gemischte Kräuter (z. B. Borretsch, Basilikum, Zitronenmelisse, Petersilie und Schnittlauch)

200 g Räucherlachs (in dünnen Scheiben)

1 TL scharfer Senf

50 g süße Sahne

1 EL saure Sahne

1–2 EL Zitronensaft

Salz, Pfeffer aus der Mühle

Für die Kartoffelpuffer:

500 g Kartoffeln (mehlig kochende Sorte)

Salz, Pfeffer aus der Mühle

1 1/2 EL Butter

1 1/2 EL Öl

1 Die Gurke schälen und der Länge nach aufschneiden. Kerne mit einem Löffel aus den Hälften kratzen. Gurkenhälften einmal quer durchschneiden und längs mit dem Gurkenhobel in Streifen hobeln.

2 Die Kräuter waschen, trockenschütteln und fein hacken. Die Räucherlachsscheiben voneinander lösen und in etwa 1 cm breite Streifen schneiden. Senf mit süßer Sahne, saurer Sahne und Zitronensaft mischen. Mit Gurke, Lachs und Kräutern verrühren, mit Salz und Pfeffer würzen.

3 Für die Puffer die Kartoffeln schälen und waschen. Auf der Rohkostreibe fein in eine Schüssel raspeln. Die Flüssigkeit, die sich dabei in der Schüssel sammelt, abgießen. Kartoffeln salzen und pfeffern.

4 Den Backofen auf 50 Grad schalten. In einer Pfanne etwas Butter und Öl erhitzen. Löffelweise Kartoffelraspel in die Pfanne setzen und flacher streichen. Bei mittlerer Hitze ungefähr 4 Minuten braten, wenden und noch einmal so lange braten. Fertige Puffer auf einem Teller im Ofen warm halten. Wenn alle Puffer gebraten sind, mit dem Lachssalat essen.

So viel Zeit muss sein: 45 Minuten
Kalorien pro Portion: 320

Auch gut:

Graved Lachs oder auch Reste vom Graved Saibling (Rezept auf Seite 40) anstatt des Räucherlaches als Salat zubereiten. Oder mal etwas weniger Gurke nehmen und dafür ein paar Tomatenwürfel untermischen.

Matjes mit Rettich-Vinaigrette

Unbedingt probieren!

Reicht für 4 als Imbiss oder für 2 zum Sattessen:

- 1 Stück weißer, roter oder schwarzer Rettich (etwa 200 g)
- 1 Stück frischer Ingwer (etwa 2 cm)
- 1 TL eingelegter Ingwer
- 1 Bund Schnittlauch
- 3 EL Limettensaft (ersatzweise Zitronensaft)
- 1 Msp. Wasabi (nach Belieben; japanischer grüner Meerrettich, aus der Tube)
- 4 EL Öl
- Salz, 1 Prise Zucker
- 4 doppelte Matjesfilets

1 Den Rettich schälen und erst in dünne Scheiben, dann in feine Stifte schneiden. Frischen Ingwer schälen und ganz fein hacken. Eingelegten Ingwer in Streifen schneiden. Den Schnittlauch waschen und trockenschütteln, dann in feine Röllchen schneiden.

2 Wer es gerne pikant mag, verrührt den Limettensaft erst mit dem Wasabi, dann kommt das Öl dazu und der Rettich, beide Ingwersorten und der Schnittlauch. Mäßig salzen und mit dem Zucker abrunden.

3 Von den Matjesfilets die Schwänze abschneiden, die Filets auseinander lösen. Jeweils 2–4 Filets auf Teller verteilen und die Rettich-Vinaigrette darüber löffeln.

So viel Zeit muss sein: 20 Minuten
Das schmeckt dazu: Bauernbrot, zum Sattessen besser Bratkartoffeln
Kalorien pro Portion (bei 4 Portionen): 505

Auch gut:

Rettich durch Apfelstreifen (eventuell mit ein bisschen Stangensellerie gemischt) ersetzen. Und statt Schnittlauch auch mal das Grüne von Frühlingszwiebeln fein zerkleinern und unter die Vinaigrette mischen.

Garnelen-cocktail

Wunderbar altmodisch

Reicht für 4 als Imbiss:

100 g Mayonnaise (aus dem Glas bzw. der Tube oder frische – siehe Tipp)
50 g saure Sahne (macht die Sauce ein bisschen leichter)
2 EL Ketchup
1 EL Whisk(e)y oder Brandy (nach Belieben)
ein paar Spritzer Tabascosauce
1 TL Worcestersauce
2 TL Zitronensaft
ein paar Salatblätter für die Garnitur
300 g geschälte gegarte Garnelen
scharfes Paprikapulver zum Bestreuen (Cayennepfeffer geht ebenso)

1 Mayonnaise mit saurer Sahne, Ketchup, eventuell Whisk(e)y oder Brandy, Tabasco, Worcester und Zitronensaft in eine Schüssel geben, mit dem Schneebesen durchschlagen.

2 Die Salatblätter waschen und trockenschütteln, Cocktailgläser oder Glas- oder Porzellanschälchen damit auslegen.

3 Die Garnelen in die Gläser oder Schälchen füllen. Sauce darüber löffeln, Paprikapulver aufstreuen und aufessen.

So viel Zeit muss sein: 5 Minuten
Das schmeckt dazu: Toast- oder Weißbrot
Kalorien pro Portion: 115

Basic Tipp

Für selbst gemachte Mayo 1 ganz frisches Ei (zimmerwarm) in Eiweiß und Eigelb trennen. Eigelb in eine Schüssel geben und mit Salz, 1 TL scharfem Senf und 2 TL Zitronensaft gut verquirlen (Handrührer). Nach und nach 1/8 l neutrales Öl (für mediterrane Gerichte kann es auch Olivenöl sein) tropfenweise unterschlagen, bis eine dicke Mayonnaise entsteht. Mit Salz und Pfeffer oder Cayennepfeffer abschmecken.

Auch gut:

Eine paar kleine Tomatenwürfel mit den Garnelen mischen und in die Gläser oder Schälchen füllen. Cocktail mit Basilikum- oder Staudenselleriehblättchen garnieren.

Varianten:

Italienisch mit Gemüsestreifen

2 Möhren schälen, 2 Stangen Staudensellerie waschen und putzen, beides in feine Streifen schneiden. 1/2 Bund Petersilie oder Basilikum waschen und trockenschütteln, 2 Knoblauchzehen schälen, beides fein hacken. 2 EL Zitronensaft mit 4 EL Olivenöl verrühren, salzen und pfeffern. 400 g geschälte gegarte Garnelen mit allen vorbereiteten Zutaten mischen, abschmecken. Mit Weißbrot essen.

Asiatisch mit Sesamsauce

1 Mini-Salatgurke schälen, längs halbieren und die Kerne rauskratzen, die Gurke klein würfeln. 100 g Sojabohnensprossen waschen und abtropfen lassen. 1/4 Bund Koriander waschen, trockenschütteln und hacken. 4 EL Sesamsamen in einer Pfanne unter Rühren anrösten, bis sie anfangen zu springen. In den Mörser geben und fein zerdrücken. Mit 2 EL heller Sojasauce, 2 EL Fischfond oder Reiswein, 2 EL Sesamöl und 1 kräftigen Prise Zucker verrühren. Alles mit 400 g geschälten gegarten Garnelen mischen, abschmecken. Mit Krupuk (frittiertes Krabbenbrot) essen.

Exotisch mit Feigen und Currycreme

4 getrocknete Feigen klein würfeln und in 1/8 l Wasser und 3 EL Zitronensaft etwa 30 Minuten quellen lassen. 1 kleine gelbe Paprikaschote und 1 Fleischtomate waschen, putzen und klein würfeln. Feigen abtropfen lassen und mit Paprika, Tomate und 150 g Joghurt mischen. Mit 2 TL Madras-Currypulver und Salz abschmecken. Alles mit 350 g geschälten gegarten Garnelen verrühren. Mit Minzeblättchen garniert auf den Tisch stellen Dazu gibt's Fladenbrot.

Kartoffel-Bohnen-Salat mit Matjes

Mediterran veredelt

Reicht für 4:

400 g Kartoffeln (fest kochende Sorte)

500 g grüne Bohnen

8 Stängel Bohnenkraut, Salz

300 g Matjesfilets, 1/2 Bio-Zitrone

1 kleines Bund Petersilie

1 TL scharfer Senf

6 EL Olivenöl

Pfeffer aus der Mühle

1 Die Kartoffeln unter dem Wasserstrahl abbürsten und in einem Topf mit Wasser zum Kochen bringen. Zugedeckt bei mittlerer Hitze in etwa 25 Minuten gar, aber nicht zu weich kochen. Dann abgießen und leicht abkühlen lassen.

2 In der Zeit die Bohnen waschen und die Enden abschneiden. Wenn sich dabei Fäden ablösen, einfach abziehen. Bohnen in etwa 3 cm lange Stücke schneiden. Bohnenkraut abbrausen und in einem Topf mit Wasser und Salz aufkochen. Bohnen darin zugedeckt bei mittlerer Hitze in 8–12 Minuten bissfest garen. In ein Sieb abgießen, kurz abschrecken und etwas abkühlen lassen.

3 Von den Matjesfilets die Schwänze abschneiden. Die Filets in etwa 1 cm große Würfel schneiden. Kartoffeln pellen und auch schön klein würfeln.

4 Die Zitronenhälfte heiß waschen und ein langes Stück Schale dünn abschneiden. Die Petersilie abbrausen und trockenschütteln. Blättchen abzupfen und mit der Zitronenschale ganz fein hacken. Zitrone auspressen, den Saft mit dem Senf, dem Olivenöl, Salz und Pfeffer schön cremig verrühren.

5 Kartoffeln, Bohnen und Matjes mit der Sauce und der Petersilienmischung vermengen und noch einmal abschmecken. Der Salat schmeckt lauwarm gut, aber auch kalt (dann eventuell ein bisschen durchziehen lassen und vor dem Servieren noch einmal durchrühren).

So viel Zeit muss sein: 35 Minuten
Das schmeckt dazu: Schwarzbrot
Kalorien pro Portion: 385

Auch gut:

Matjes durch Schillerlocken in dünnen Scheiben oder durch geräucherte Forelle oder Saibling in kleinen Stücken ersetzen.

Tunfischsalat mit Ofentomaten

Einfach raffiniert

Reicht für 4 als kleines Essen:

500 g eher kleine Tomaten

2 rote Zwiebeln

50 g gemischte Kräuter (Petersilie, Zitronenmelisse, Oregano, Rosmarin, Salbei und Thymian)

1/2 getrocknete Chilischote

6 EL Olivenöl

Salz

2 Dosen Tunfisch (naturell im eigenen Saft oder ganz edel in Olivenöl, das Abtropfgewicht schwankt zwischen 100 g und 140 g)

1 kleines Bund Rucola

2–3 EL Aceto balsamico

1 Den Grill des Backofens anstellen oder den Backofen auf 250 Grad vorheizen (auch schon jetzt einschalten: Umluft 220 Grad).

2 Die Tomaten waschen und quer halbieren. Aus den oberen Hälften Stielansätze rausschneiden. Tomaten mit der Schnittseite nach oben nebeneinander in eine ofenfeste Form legen. Zwiebeln schälen und in Achtel schneiden, dazwischen legen.

3 Die Kräuter abbrausen, trockenschütteln und mit dem Chilistück fein hacken. Mit 3 EL Olivenöl und Salz verrühren und auf den Tomaten und Zwiebeln verteilen. Form in den Ofen (eine Schiene über der Mitte) schieben und Tomaten und Zwiebeln etwa 10 Minuten backen, bis sie gebräunt sind.

4 Inzwischen den Tunfisch abtropfen lassen und mit einer Gabel in Stücke zupfen. Rucola von den dicken Stielen und welken Blättern befreien, waschen und trockenschleudern. Vier Essteller oder eine große Platte mit dem Rucola auslegen.

5 Tomaten und Zwiebeln aus dem Ofen nehmen und auf dem Rucolabett verteilen. Den Balsamessig mit dem übrigen Öl und der Tomatenflüssigkeit aus der Form verrühren, salzen. Die Tunfischstücke über die Tomaten löffeln, mit ein bisschen Sauce begießen und auf den Tisch damit.

So viel Zeit muss sein: 30 Minuten
Das schmeckt dazu: knuspriges Weißbrot
Kalorien pro Portion: 320

Kichererbsensalat mit Ölsardinen

Einen Tag vorher kurz dran denken

Reicht für 4 als kleines Essen:

150 g getrocknete Kichererbsen
1 rote Paprikaschote
1 Fleischtomate (2 normal große Tomaten gehen auch)
1 kleines Bund Petersilie
2 Knoblauchzehen
2 EL schwarze Oliven
2 Dosen Ölsardinen (je 75 g Abtropfgewicht)
4–5 EL Zitronensaft
5 EL Olivenöl
Salz, Pfeffer aus der Mühle

1 Kichererbsen in eine Schüssel schütten und so viel Wasser darüber gießen, dass sie bedeckt sind. Über Nacht aufquellen lassen. Am nächsten Tag abtropfen lassen, mit frischem Wasser in einen Topf füllen und erhitzen. Zugedeckt bei schwacher Hitze in ungefähr 1 1/2 Stunden weich kochen. Abgießen und abkühlen lassen.

2 Die Paprika waschen und längs halbieren. Stielansatz und Häutchen mit Kernen herauszupfen. Tomate waschen und den Stielansatz rausschneiden. Paprika und Tomate klein würfeln. Die Petersilie abbrausen, trockenschütteln, grob hacken. Knoblauch schälen, Olivenfleisch von den Steinen schneiden, beides zusammen auch ganz fein schneiden. Ölsardinen abtropfen lassen, die Hälfte in kleine Stücke schneiden, Rest ganz lassen.

3 Für die Sauce Zitronensaft mit Olivenöl, Salz und Pfeffer mit einer Gabel zu einer cremigen Sauce verschlagen. Kichererbsen damit mischen. Paprika, Tomate, Knoblauchmischung, Petersilie und zerkleinerte Ölsardinen untermischen, abschmecken. Salat auf eine längliche Platte, in eine flache Schüssel oder in Ölsardinendosen füllen, mit den ganzen Ölsardinen belegen. Fertig!

So viel Zeit muss sein: 20 Minuten
(+ Einweichzeit über Nacht + Kochzeit von 1 1/2 Stunden)
Das schmeckt dazu: knuspriges Weißbrot oder aufgebackenes Fladenbrot
Kalorien pro Portion: 305

Blitzversion:

Kichererbsen aus der Dose nehmen und gut abbrausen, abtropfen lassen. Mit den übrigen Zutaten mischen. Man braucht etwa 1 1/2 Dosen (eine hat 240 g Inhalt).

Fischsalat mit Avocado

Erfrischung aus Mexiko

Reicht für 4 als kleines Essen:

600 g Fischfilet (z. B. Weißer Heilbutt, Pangasius, Seeteufel oder Rotbarsch)

Salz, Pfeffer aus der Mühle

3 Limetten (davon 1 Bio), 1 große Avocado

1 Bund Frühlingszwiebeln

400 g Eiertomaten (ersatzweise Fleischtomaten), 2 rote Chilischoten

4 Knoblauchzehen, 4 EL Olivenöl

Salatblätter zum Anrichten

Korianderblättchen zum Bestreuen

1 Das Fischfilet mit Salz und Pfeffer würzen. Bio-Limette waschen und in dünne Scheiben schneiden, mit 150 ml Wasser in einen Topf geben und aufkochen. Fischfilet in einen Dämpfeinsatz legen, über die heiße Flüssigkeit setzen und den Fisch zugedeckt bei starker Hitze in etwa 8 Minuten gar dämpfen. Herausnehmen und abkühlen lassen.

2 Inzwischen übrige Limetten auspressen. Die Avocado rundherum längs bis zum Kern einschneiden. Die Hälften gegeneinander drehen und so voneinander lösen. Den Kern mit der Messerspitze anheben und entfernen. Avocadohälften schälen und quer in schmale Scheiben schneiden. Mit etwas Limettensaft mischen.

3 Die Wurzelbüschel von den Frühlingszwiebeln abschneiden. Zwiebeln waschen und mit dem knackigen Grün in dünne Ringe schneiden. Die Tomaten waschen und in kleine Stücke schneiden, dabei die Stielansätze entfernen. Den Fisch in 1–2 cm große Würfel schneiden.

4 Die Chilischoten waschen, den Stiel abschneiden und die Schoten mit den Kernen fein hacken. Knoblauch schälen und fein hacken. Übrigen Limettensaft mit Olivenöl, Chili, Knoblauch und Salz verrühren. Fisch, Tomaten, Avocado und Zwiebelringe mit der Sauce locker mischen. Vier Teller oder eine Schüssel mit den Salatblättern auskleiden. Den Fischsalat darauf verteilen und mit den Korianderblättchen bestreuen.

So viel Zeit muss sein: 35 Minuten
Das schmeckt dazu: warme Tortillas oder Tortillachips
Kalorien pro Portion: 345

Auch gut:

Wer mag, kann die Eiertomaten vor dem Schneiden häuten, dann schmecken sie noch ein bisschen feiner.

Meeresfrüchtesalat

Evergreen vom Mittelmeer

Reicht für 4 als Vorspeise:

250 g Tintenfischchen, Salz

500 g Miesmuscheln (auch sehr fein: Venusmuscheln)

2 Tomaten, 1 Stange Staudensellerie

2 Knoblauchzehen

1/2 Bund Minze

2 EL Zitronensaft (ersatzweise Weißweinessig)

Pfeffer aus der Mühle

4 EL gutes Olivenöl

200 g geschälte gegarte Garnelen (am besten kleine Kaltwassergarnelen)

1 EL Pinienkerne

1 Tintenfischchen abbrausen (putzen muss man die kleinen nicht). In einem großen Topf 1/2 l Wasser mit Salz zum Kochen bringen. Die Tintenfische dazugeben und 1 Minute sprudelnd kochen lassen. Mit dem Schaumlöffel aus dem Wasser heben und in einem Sieb abschrecken.

2 Muscheln waschen, alle die offen sind, aussortieren und wegwerfen. Muscheln ins heiße Wasser schütten, zugedeckt etwa 3 Minuten kochen, bis sie sich öffnen. In ein Sieb abgießen, jetzt geschlossene Exemplare aussortieren. Aus den restlichen offenen Schalen das Muschelfleisch herauslösen.

3 Die Tomaten waschen und in kleine Würfel schneiden, dabei die Stielansätze entfernen. Den Sellerie waschen und putzen, in feine Scheibchen teilen. Knoblauch schälen und fein hacken. Die Minze abbrausen, trockenschütteln und fein hacken.

4 Zitronensaft mit Salz, Pfeffer, Knoblauch und Minze verrühren, das Olivenöl nach und nach unterschlagen. Alle Meeresfrüchte mit Tomaten, Sellerie und Sauce mischen, abschmecken, kurz durchziehen lassen. Pinienkerne ohne Fett anrösten, drüberstreuen.

So viel Zeit muss sein: 45 Minuten
Das schmeckt dazu: Weißbrot
Kalorien pro Portion: 200

Auch gut:

Fenchel oder Zucchini (beides in feine Stifte geschnitten) statt Sellerie nehmen, zusätzlich 1–2 EL Kapern oder Oliven oder 1–2 in Öl eingelegte, fein gehackte Sardellenfilets untermischen. Blitzversion: Muscheln aus dem Glas nehmen und mit den restlichen Zutaten (außer den Tintenfischen) mischen.

Gemüsesalat mit Sardellensauce

Ganz schön würzig

Reicht für 6 als Imbiss oder Vorspeise, für 4 als sommerliches Essen:

200 g Kartoffeln (fest kochende Sorte)
250 g Brokkoli
200 g Möhren
2 Stangen Staudensellerie
1 Kohlrabi
je 1 rote und gelbe Paprikaschote
2 rote Zwiebeln
Salz

Für die Sauce:

80 g Sardellenfilets in Öl
4 Knoblauchzehen
1/2 Bund Basilikum
80 ml Olivenöl
1 1/2–2 EL Zitronensaft
Pfeffer aus der Mühle

1 Gemüse je nach Sorte waschen oder schälen und putzen. Kartoffeln in 2–3 cm große Stücke schneiden. Brokkoli in kleine Röschen teilen, Stiele schälen und klein würfeln. Möhren längs vierteln. Sellerie in 4–5 cm lange Stücke schneiden, Kohlrabi in dicke Stifte, Paprikaschoten in breite Streifen und die Zwiebeln in Achtel.

2 In einem großen Topf oder zwei kleineren Töpfen Wasser zum Kochen bringen, salzen. Die Gemüse nacheinander garen: Paprika und Zwiebeln 2–3 Minuten, Brokkoli und Sellerie 4–5 Minuten, Kohlrabi 6–7 Minuten, Möhren 6–8 Minuten, Kartoffeln etwa 12 Minuten. Alle Gemüse aus dem Wasser heben, kurz kalt abbrausen und abtropfen lassen. Kochwasser aber aufheben und später als Suppe essen, es schmeckt super aromatisch.

3 Für die Sauce Sardellenfilets abtropfen lassen und fein schneiden. Den Knoblauch schälen und ganz fein hacken. Basilikumblättchen ebenfalls hacken.

4 Das Öl in einem Topf erwärmen, aber nicht zu heiß werden lassen. Sardellen mit Knoblauch dazugeben und ein paar Minuten unter Rühren erhitzen. Basilikum mit Zitronensaft unterrühren, die Sauce mit Pfeffer würzen (Salz braucht es nicht, dafür sorgen die Sardellen). Das Gemüse mit der Sauce mischen, abschmecken und lauwarm oder kalt essen.

So viel Zeit muss sein: 1 Stunde
Das schmeckt dazu: knuspriges Weißbrot und im Sommer Feines vom Holzkohlengrill
Kalorien pro Portion: 180

Fischterrinchen mit Spargel

Gäste beeindrucken!

Reicht für 4 als Vorspeise:

1 Hand voll Kerbel, 2 Schalotten

1/8 l Fischfond, 300 g zartes Fischfilet

(z. B. Saibling, Forelle oder Seezunge)

150 g Sahne, 2 Eiweiße (Größe M)

Butter für die Förmchen

Salz, Pfeffer aus der Mühle

1 Prise frisch geriebene Muskatnuss

1 Msp. abgeriebene Bio-Zitronenschale

Für den Salat:

500 g grüner Spargel, 1 EL Zitronensaft

Salz, Pfeffer aus der Mühle

2 EL Rapsöl (auch fein: Olivenöl)

1 Bund Rucola (ebenfalls lecker: Bärlauch)

1 Kerbel abbrausen und trockenschütteln, Blättchen abzupfen, Stängel grob schneiden. Schalotten schälen und klein würfeln. Kerbelstängel und Schalotten mit dem Fischfond in einem Topf auf die Hälfte einkochen lassen. Durch ein Sieb passieren, abkühlen lassen. Das Fischfilet entgräten, mit der Sahne, den Eiweißen und dem Sud 1 Stunde kühl stellen.

2 Für den Salat Spargel waschen, Enden abschneiden. Den Spargel schräg in hauchdünne Scheiben schneiden. Zitronensaft mit Salz, Pfeffer und Öl verquirlen. Spargel damit mischen, bis zum Servieren ziehen lassen.

3 Den Backofen auf 100 Grad schalten (auch schon jetzt: Umluft 80 Grad). Eine ofenfeste Form etwa 5 cm hoch mit heißem Wasser füllen. Vier ofenfeste Förmchen von je etwa 100 ml Inhalt mit Butter ausstreichen.

4 Das Fischfleisch würfeln und mit dem kalten eingekochten Sud und den Eiweißen in der Küchenmaschine fein zerkleinern. Sahne zufließen lassen und weiter mixen. Dann Kerbelblättchen fein hacken und mit Salz, Pfeffer, Muskat, Zitronenschale unter die Fischmasse mischen. Die Masse in die Förmchen verteilen, mit Alufolie abdecken und ins heiße Wasser stellen. Die Terrinchen im Ofen (unten) etwa 25 Minuten garen.

5 Rucola verlesen, waschen und trockenschleudern. Grob hacken, unter den Spargelsalat mischen und abschmecken. Terrinchen warm oder kalt servieren. In jedem Fall mit einem Messer vom Rand der Förmchen lösen, stürzen und auf Teller verteilen. Den Salat daneben löffeln und dazu essen.

So viel Zeit muss sein: 30 Minuten
(+ 1 Stunde Kühlzeit + 25 Minuten Garzeit)
Das schmeckt dazu: Weiß- oder Toastbrot
Kalorien pro Portion: 265

Auch gut:

Statt Salat eine Dill-Zitronen-Sauce machen. 1 Bund Dill waschen, trockenschütteln, fein hacken. Schale von 1/2 Bio-Zitrone abreiben und 2 TL Saft auspressen. Beides mit 250 g saurer Sahne, 1 TL scharfem Senf, Salz und Pfeffer verrühren. Den Dill untermischen.

Tomaten-Sardellen-Crostini

Mittelmeerfood zur Begrüßung

Reicht für 4 als Vorspeise oder Kleinigkeit zum Einstieg:

2 frische Tomaten

1 getrocknete Tomate in Öl

2 TL Kapern, 1/2 EL entsteinte grüne Oliven

2 Stängel Basilikum

2 EL Olivenöl + 1/4 l zum Frittieren

Salz, Pfeffer aus der Mühle

200 g frische kleine Sardellen

2 Knoblauchzehen

8–16 Scheiben Weißbrot (je nach Größe)

1 Frische Tomaten waschen und halbieren. Die Hälften in der Hand zusammendrücken, bis die Kerne heraustreten, mit dem Messerrücken abstreifen. Die Tomaten klein würfeln, dabei die Stielansätze entfernen. Getrocknete Tomate abtropfen lassen und mit Kapern und Oliven sehr fein hacken. Basilikumblättchen in Streifen schneiden. Alles mischen, mit den 2 EL Olivenöl verrühren, salzen und pfeffern.

2 Die Sardellen waschen und trockentupfen, die Köpfe abschneiden. Sardellen am Bauch aufschneiden und aufklappen, die Gräte anheben und herauslösen. (Bei ganz kleinen Sardellen kann man die zarten Gräten noch mitessen, dann nur den Kopf abschneiden.) Den Backofen auf 250 Grad vorheizen (auch schon jetzt: Umluft 220 Grad).

3 Das Öl zum Frittieren erhitzen. Die Knoblauchzehen schälen. Sardellen mit Salz und Pfeffer würzen. Die Brotscheiben auf den Rost legen und für 4 Minuten in den Ofen (Mitte) schieben. Sardellen ins heiße Öl geben und 1 Minute frittieren. Herausheben und auf Küchenpapier abfetten lassen.

4 Die Brotscheiben aus dem Ofen nehmen und mit den Knoblauchzehen einreiben. Die Tomatenmischung darauf löffeln, Sardellen obenauf legen. Gleich aufessen, so lang die Fischchen noch warm sind.

So viel Zeit muss sein: 25 Minuten
Kalorien pro Portion: 290

Barben in Tomatensauce

Macht dem Dosenhering Konkurrenz

Reicht für 4 als Imbiss:

16 kleine Rot- oder Meerbarbenfilets mit Haut (ungefähr 600 g)
1 EL Zitronensaft
Salz
Pfeffer aus der Mühle
400 g Tomaten
2 Stängel Estragon (ersatzweise Thymian)
2 Knoblauchzehen
1/4 l Fischfond
2 TL Tomatenmark
1 Prise gemahlene Gewürznelken
1/2 TL Zucker
2 EL Öl
Basilikumblättchen zum Bestreuen

1 Die Barbenfilets mit dem Zitronensaft beträufeln und mit Salz und Pfeffer würzen. Aus den Tomaten die Stielansätze herausschneiden. Tomaten mit kochendem Wasser überbrühen, kurz ziehen lassen, abschrecken, häuten und in kleine Würfel schneiden.

2 Estragon waschen, trockenschütteln und grob hacken. Den Knoblauch schälen und vierteln. Beides mit den Tomaten und dem Fischfond in einem Topf aufkochen und etwa 15 Minuten bei schwacher bis mittlerer Hitze köcheln lassen.

3 Dann den Estragon und den Knoblauch rausfischen, die Sauce fein durchmixen (Pürierstab) und mit Tomatenmark, Salz, Pfeffer, Nelken und Zucker abschmecken.

4 Öl in einer Pfanne erhitzen. Barbenfilets mit der Haut nach unten einlegen und etwa 3 Minuten bei starker Hitze braten, umdrehen und ganz kurz weiterbraten. Die Filets in eine Schale oder in kleine Schüsselchen legen, Tomatensauce darauf verteilen, abkühlen lassen. Vor dem Servieren die Basilikumblättchen aufstreuen, zuvor nach Belieben noch hacken.

So viel Zeit muss sein: 35 Minuten
Das schmeckt dazu: Weißbrot
Kalorien pro Portion: 260

Auch gut:

Wie beim Dosenfisch statt der Barben mal kleine frische Heringe oder Sardinen nehmen und braten.

Filets &

Weil man damit nicht lange rummacht.

Koteletts

Was mögen die meisten am liebsten von Rind, Schwein, Kalb? Das Filet! Weil es so zart ist und so fein schmeckt. Weil man damit nicht lange rummachen muss, um es in die Pfanne zu kriegen. Weil es kurz darauf schon wieder raus kann, um genossen zu werden. Toll!

Noch toller ist das aber beim Fisch, der besteht nämlich fast nur aus Filet. Das kann gerade eine Portion sein – zum Beispiel eine Seite des Zanders –, die aufs Pochieren wartet. Das kann die größere Lachsseite sein, aus der gleich ein paar Tranchen geschnitten werden. Oder es kann ein Rückenstück Tunfisch sein, das in viele Steaks geteilt wird. Und wer es ein bisschen kräftiger mag, nimmt saftige Koteletts samt Gräte und Haut. Vom Heilbutt oder Waller etwa.

Und was machen wir nun damit? Als erstes braten, wie wir es auch beim Fleisch am liebsten mögen. Nur dass uns gebratener Tunfisch mit Ingwer und Sesam vielleicht noch lieber ist. Aber da geht viel mehr: grillen (Lachskoteletts), dünsten (auf Paprika), schmoren (Ossobuco vom Seeteufel), pochieren (in pikanter Milch), panieren (Fish 'n' Chips). Sogar sein Schlemmerfilet kann man selbst im Ofen machen. Koch' das mal einer alles mit Schweinefilet!

Luxus für alle

Cod bleu mit Lachskaviar

»Cordon bleu« kennen wir als mit Schinken und Käse gefülltes Großschnitzel. »Cod bleu« ist dessen feinere Variante mit Kabeljau (engl. cod). Und weil die Füllung besonders fein ist, wird das Ganze eher gedünstet als gebraten.

Gebraucht werden 4 dicke Kabeljaufilets (je 150 g). In die eine tiefe Tasche einschneiden (nicht durchschneiden!). Nun 1 Kugel Mozzarella (125 g) klein würfeln und mit 4 EL Lachskaviar, 2 EL Kerbelblättchen, 1 Spritzer Zitronensaft und Pfeffer mischen. In die Taschen füllen und mit Holzspießchen verschließen.

Nun in einer hohen Pfanne (am besten beschichtet), zu der es einen Deckel gibt, bei mittlerer Hitze 4 EL Butter aufschäumen lassen. Die Cod bleu darin 1 Minute leicht braten und wenden, 4 EL Weißwein dazugeben und alles unterm Deckel bei kleiner Hitze 3-4 Minuten dünsten lassen. Dazu schmecken Pellkartoffeln.

Tante Ilse rät

Was mach' ich mit all dem Fisch?

Liebe Tante Ilse,
wenn ich Fisch koche oder brate, bleibt öfters was übrig. Was mache ich denn dann mit den ganzen Resten?
Claudia aus Norderney

Tante Ilse rät:
Warum bleibt denn da öfters was übrig? Kaufst du zu viel oder schmeckt es nicht? Das lässt sich beides ändern, auch mit diesem Buch. Oder liegt es daran, dass Fischreste einfach auffälliger sind als das bisschen Rinderbraten oder Gemüse, das man ganz selbstverständlich am nächsten Tag in Salate, Suppen, Ragouts schnippelt? Was aber mit Fisch genauso geht.

Gut, er löst sich ein bisschen schneller auf dabei, doch das lässt sich ja bestens nutzen – zum Beispiel wenn die Fischreste mit Mayo und ein paar Spritzern Zitronensaft zum Dip verrührt, mit geriebenen Kartoffeln zu Puffern gebraten oder mit ins Rührei gemixt werden.

Und dann sind da noch: Eintöpfe (vielleicht mit Mittelmeergemüse und in Knoblauchöl eingelegtem Fisch) und Aufläufe (etwa mit Kartoffeln, Tomaten, Mozzarella und Fisch), Brote (Strammer Fischmax oder das Reuben's Fish Sandwich, Seite 97) und Brotaufstriche (mal testen: Dillbutter mit Zitrone, Kapern und zerbröseltem Fisch) sowie gebratener Reis mit Fisch (heute asiatisch abgeschmeckt) oder Nudeln mit Tomaten-Fisch-Sauce. Eigentlich gar nicht so übel, wenn öfters mal was übrig bleibt, oder?

Fisch und ...

... Weißwein

Ein Klassiker, weil: Weiß zu Weiß. Stimmt meistens auch, selbst beim orange-roten Lachs, wenn der zart gegart oder mit einer Sahnesauce serviert wird. Denn auf die Zubereitung kommt es an! Zu einem herrlich leichten Gericht wird ein junger Weißer serviert (zum Beispiel ein Soave), zu einem üppigen ein eher buttriger wie etwa ein im Faß ausgebauter Chardonnay, der auch zu Krustentieren mit süßlichem Aroma passt. Zu Deftig-Würzigem wie einer schönen Speckscholle gibt es einen säurereichen unkomplizierten Weißen (ein Rosé geht auch) und Garnelen, Muscheln oder Tintenfisch mögen eine Begleitung durch einen fruchtig-frischen und trockenen Wein – beide sind gut gekühlt auch sehr fein als Aperitif zu Räucherfisch und anderen aromatischen Vorspeisen aus Meer, See und Fluss.

Unser liebster Fisch:

der Tunfisch

engl. tuna; franz. thon;
ital. tonno; span. atun

+ weil wir Sushi und Sashimi mögen + weil wir außerdem guten Dosentunfisch mögen (was ihn bei uns zur Nr. 3 im Verbrauch gemacht hat) + weil sein Filet rosa gebraten oder gegrillt so schön kräftig schmeckt

Das ist er:
+ einer der wenigen Warmblüter unter den Fischen, daher die meist rote Farbe und das fleischige Aroma + ein Weltmeerreisender vom Atlantik übers Mittel- und Schwarze Meer bis in den Pazifik + ein schwerer Brocken, der 70 cm bis 3 m lang sein kann + vielseitiger Roter Tunfisch, edler Weißer Tunfisch, weltweite Nr. 1 Bonito, weltweite Nr. 2 Gelbflossentunfisch

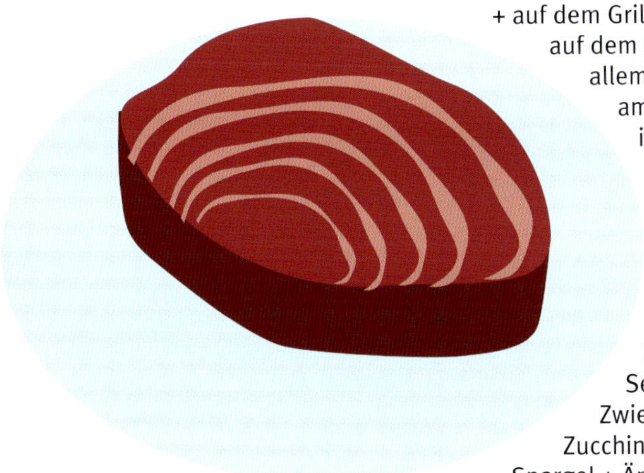

Da findet man ihn:
+ auf dem Grill und in der Pfanne als Filet oder auf dem Spieß + in Sushi, Sashimi, Tatar (vor allem den Roten Tunfisch, Japaner mögen am liebsten sein fettes Bauchfleisch) + in Dosen den Roten und (Delikatesse!) Weißen Tunfisch

Das mag er:
+ Ingwer, Knoblauch, Chili, Wasabi, Meerrettich, Senf, Oliven + Pfeffer, Curry, Meersalz, Fenchelsamen + Zitrone, Rotwein(essig), Olivenöl, Sesamöl, Sojasauce + Bohnen, Erbsen, Zwiebeln, Paprikaschoten, Tomaten, Zucchini, Salatgurken, Spinat, Rettich, grünen Spargel + Äpfel, Zitrusfrüchte, Exoten + Reis, Asia-Nudeln, Baguette, Kartoffeln

Das ist nix:
+ dunkle Stellen im roten Fleisch + durchgebraten, gekocht oder gedämpft werden + all zu wilde Fusionsküchenexperimente

Fischbrötchen **Nr. 2**

Toshis Tuna Sandwich

Nicht Brot, sondern Reiswaffeln halten dieses Essen zusammen, das von Sushi inspiriert ist. Gut als Einstieg für Leute, die sich an den japanischen Klassiker noch nicht richtig rantrauen.

Wir brauchen dazu 400 g schön frisches Tunfischfilet am Stück. Das wird für 30 Minuten eingelegt in eine Marinade aus 6 EL Sojasauce, 4 EL hellen Sesamsamen und 1 TL frischem, fein geriebenem Ingwer. Inzwischen 2 große Chinakohlblätter längs halbieren und quer in sehr feine Streifen schneiden. 2 EL Mayonnaise mit 1 TL Wasabi (japanischer grüner Meerrettich, aus der Tube), 1 TL Zitronensaft und 1 TL Zucker verrühren. Nun den Tunfisch gut trockentupfen und bei starker Hitze in der beschichteten Pfanne in 1 EL Öl auf allen Seiten je 15 Sekunden anbraten, rausnehmen. Kohl und Dressing mischen und dünn auf 4 ungesüßten Reiswaffeln (gibt's im Bio-Laden) verteilen. Nun den Tunfisch fein aufschneiden und auf die belegten Reiswaffeln legen, 4 frische Waffeln draufsetzen.

Fischfilets in Petersilien-butter

Fix, simpel, preiswert

Reicht für 4 zum Sattessen:
1 kleines Bund Petersilie
2 Knoblauchzehen
1 größeres Stück Bio-Zitronenschale
100 g Butter
1 EL Pernod (nach Belieben, Whisk(e)y oder Sherry sind auch sehr fein)
Salz, Pfeffer aus der Mühle
4 Fischfilets (je etwa 180 g; z. B. Seelachs, Goldbrasse, Karpfen, Waller oder Rotbarsch)
1 EL Zitronensaft

1 Die Petersilie abbrausen und trockenschütteln, grob hacken. Knoblauch schälen und samt der Zitronenschale auch grob zerkleinern. Alles im Blitzhacker oder mit einem großen Messer sehr fein hacken.

2 Gehacktes mit Butter und nach Belieben mit Pernod mit einer Gabel gut vermischen, leicht salzen und pfeffern. Gut die Hälfte der Butter in ein Schälchen füllen, kühl stellen. Rest in eine große Pfanne streifen.

3 Fischfilets mit Zitronensaft beträufeln, mit Salz und Pfeffer würzen. Butter in der Pfanne schmelzen, Filets darin bei mittlerer Hitze pro Seite 2–3 Minuten braten. Die Filets auf vorgewärmte Teller legen. Die übrige Petersilienbutter in Stücke teilen, in die Pfanne rühren und dann über die Filets gießen.

So viel Zeit muss sein: 20 Minuten
Das schmeckt dazu: Salzkartoffeln
Kalorien pro Portion: 345

Auch gut:

Petersilie durch 4–5 Oreganostängel oder Thymianzweige ersetzen, zusätzlich 2–3 in Öl eingelegte Sardellenfilets klein schneiden und mit unter die Butter mengen.

Fischfilets in Pestosauce

Turboschnell

Reicht für 4:

4 Fischfilets (je etwa 180 g; z. B. Seelachs, Rotbarsch, Pangasius, Steinbeißer, Zander)
2 EL Zitronensaft
Salz, Pfeffer aus der Mühle
2 EL Butter
150 ml trockener Weißwein (ersatzweise Fischfond)
150 g Sahne
2 EL Pesto (aus dem Glas, gut schmeckt auch Bärlauchpesto)
2 EL Balsamico bianco (Zitronensaft geht ebenfalls)
Basilikumblättchen zum Bestreuen (wenn's gerade Bärlauch gibt: ein paar Blättchen in feine Streifen schneiden und aufstreuen)

1 Die Fischfilets mit dem Zitronensaft beträufeln und mit Salz und Pfeffer würzen.

2 Den Backofen auf 50 Grad einstellen. Die Essteller gleich mit reinstellen. Die Butter in einer großen Pfanne zerlaufen lassen. Die Fischfilets einlegen und bei mittlerer Hitze 2–3 Minuten braten. Die Filets mit einem Pfannenwender anheben und wenden. Noch einmal so lang braten, dann auf eine Platte geben und in den warmen Ofen stellen.

3 Den Wein in die Pfanne gießen und den Bratsatz unter Rühren vom Pfannenboden ablösen. Die Sahne dazugeben und die Sauce einmal kräftig aufkochen lassen. Das Pesto und den Balsamessig unterrühren, salzen und pfeffern.

4 Fischfilets auf die vorgewärmten Teller legen, Sauce darüber löffeln. Mit Basilikum bestreuen, gleich auf den Tisch stellen.

So viel Zeit muss sein: 15 Minuten
Das schmeckt dazu: Salzkartoffeln oder Reis
Kalorien pro Portion: 450

Auch gut:

Statt normalem Pesto oder Bärlauchpesto mal Pesto rosso (Tomatenpesto) nehmen.

Fischfilets in Senfsauce

Klassisch gut

Reicht für 4:

2 Schalotten (geht auch: 1 Zwiebel; sehr fein: 4 Frühlingszwiebeln)
175 ml Weißwein (ersatzweise Fischfond)
50 ml milder Weißweinessig
4 Fischfilets (je etwa 180 g; z. B. Rotbarsch, Heilbutt, Seeteufel oder Pangasius)
Salz
Pfeffer aus der Mühle
1 EL Öl, 100 g kalte Butter
75 g Crème fraîche
1 EL scharfer Senf
1/2 EL körniger Senf
1 Prise Zucker

1 Für die Sauce Schalotten schälen, fein hacken und mit Wein und Essig in einen Topf füllen. Aufkochen und bei schwacher Hitze 10 Minuten offen köcheln lassen.

2 Fischfilets mit Salz und Pfeffer würzen. Öl und 2 EL Butter erhitzen, Fischfilets einlegen. 2–3 Minuten bei mittlerer Hitze braten, umdrehen und noch einmal so lange braten.

3 Crème fraîche unter die Sauce rühren, kräftig aufkochen. Die übrige Butter in kleine Würfel schneiden und mit dem Schneebesen nach und nach unter die Sauce schlagen. Beide Senfsorten untermischen, Sauce mit Salz und Zucker würzen. Die Filets auf vorgewärmte Teller legen, Sauce drüberschöpfen.

So viel Zeit muss sein: 20 Minuten
Das schmeckt dazu: Reis
Kalorien pro Portion: 545

Saucen-Blitzversion:

4 EL Butter mit 2 EL Öl, 2 EL Senf (scharf und körnig gemischt) und 200 g Sahne erhitzen und mit dem Schneebesen verrühren. Fertig!

Rotbarsch mit scharfer Mangosauce

Fruchtiges für Curryfans

Reicht für 4:

1 reife Mango
1 grüne Chilischote
2 Schalotten
1 Knoblauchzehe
150 ml Fischfond
1 TL Currypulver, Salz
4 Rotbarschfilets (je etwa 180 g; auch gut: Pangasius, Tilapia, Seelachs oder nicht zu fetter Lachs)
1/2 Bio-Limette
2 EL Öl
150 g Sahne (süß oder sauer)
1/2 Bund Basilikum

1 Die Mango schälen, das Fruchtfleisch vom Kern schneiden und würfeln. Die Chilischote waschen und den Stiel abschneiden, die Schote mit den Kernen hacken. Schalotten und Knoblauch schälen und fein schneiden.

2 Mango mit Chili, Schalotten, Knoblauch, Fischfond und Currypulver in einem Topf mischen und erwärmen. Dann salzen und bei mittlerer Hitze etwa 10 Minuten vor sich hin köcheln lassen.

3 In der Zeit schon mal die Gräten aus dem Fischfilet zupfen, falls es welche hat. Die Limette heiß waschen und die Schale abreiben, den Saft auspressen. Den Fisch mit Limettensaft beträufeln und salzen.

4 Das Öl in einer großen Pfanne erhitzen. Fischfilets einlegen und bei mittlerer Hitze etwa 4 Minuten braten, umdrehen und noch einmal so lange braten.

5 Inzwischen die Mangomischung in den Mixer füllen und alles gut durchmixen. Wenn trotzdem noch feste Teile zu sehen sind, durch ein Sieb streichen. Wieder in den Topf schütten, die Sahne untermischen und die Sauce noch mal gut erwärmen. Basilikumblättchen abzupfen und fein schneiden. Mit der Limettenschale unter die Sauce mischen, mit Salz abschmecken. Fisch auf vorgewärmte Teller legen, Mangosauce daneben verteilen.

So viel Zeit muss sein: 40 Minuten
Das schmeckt dazu: Basmati-Reis
Kalorien pro Portion: 415

Steinbuttfilets auf Sahnelinsen

Edles und Einfaches vereint

Reicht für 4:

1 Möhre
1 Stück Knollensellerie
1 Zwiebel, 2 EL Butter
150 g schwarze oder grüne Linsen
etwa 1/2 l Gemüsefond (auch gut: leichter Geflügelfond)
100 g Romana-Salat
100 g Sahne, 1 TL Tomatenmark
2 TL Balsamico bianco
Salz, Pfeffer aus der Mühle
4 Steinbuttfilets (je etwa 160 g; auch gut: Steinbeißer, Seeteufel oder Weißer Heilbutt)
2 EL Olivenöl (ersatzweise Rapsöl)

1 Die Möhre, den Sellerie und die Zwiebel schälen und ganz klein würfeln.

2 In einem Topf knapp 1 EL Butter zerlaufen lassen. Gemüse einrühren und bei mittlerer Hitze andünsten. Linsen dazu und kurz mit dünsten, dann mit dem Fond aufgießen.

Hitze klein stellen, Deckel auflegen und die Linsen 30–45 Minuten schmoren, bis sie weich, aber nicht zu weich sind. Dabei immer mal wieder nachschauen, ob noch genug Flüssigkeit im Topf ist. Falls nicht, ein wenig Fond nachgießen.

3 Dann die Salatblätter vom Strunk lösen, waschen, trockenschleudern und in Streifen schneiden. Mit Sahne, Tomatenmark und Essig unter die Linsen rühren, salzen und pfeffern. Zugedeckt auf der abgeschalteten Platte ziehen lassen, bis der Fisch fertig ist.

4 Fischfilets mit Salz und Pfeffer würzen. Die übrige Butter mit dem Öl in einer großen Pfanne warm werden lassen. Filets einlegen und bei starker Hitze 2 Minuten braten, wenden und noch einmal so lange braten.

5 Linsen durchrühren und probieren. Eventuell nachwürzen, dann auf Teller löffeln. Jeweils ein Fischfilet darauf setzen, genießen!

So viel Zeit muss sein: 20 Minuten
(+ 30–45 Minuten Kochzeit von den Linsen)
Das schmeckt dazu: knuspriges Brot oder Salzkartoffeln
Kalorien pro Portion: 530

Auch gut:

Noch würziger werden die Linsen, wenn man 50–100 g Speck würfelt und mitgart.

Aal grün

Klassiker abgespeckt

Reicht für 4:

700 g Aal (gehäutet und ausgenommen)

1/2 l Fischfond, Saft von 1 großen Zitrone

2 Lorbeerblätter, 1 TL Wacholderbeeren

Salz, Pfeffer aus der Mühle

2 Schalotten (ersatzweise 1 milde rote oder weiße Zwiebel)

je 1 Bund Dill und Petersilie

1 EL Butter, 100 g Sahne

1 Aal in etwa 5 cm lange Stücke schneiden. Den Fischfond mit dem Zitronensaft (1–2 TL übrig lassen), 1/4 l Wasser, Lorbeerblättern und den Wacholderbeeren in einem weiten Topf mischen, salzen, pfeffern und aufkochen. Hitze klein stellen, den Aal einlegen und etwa 12 Minuten im Sud ziehen lassen. Er soll nicht kochen!

2 In der Zeit die Sauce machen: Schalotten schälen und klein würfeln. Die Kräuter abbrausen, trockenschütteln und fein hacken.

3 Butter in einem Topf schmelzen lassen, die Schalotten darin andünsten. 150 ml Garsud vom Aal abschöpfen und mit der Sahne angießen, bei mittlerer Hitze etwa 5 Minuten köcheln lassen, dabei immer wieder umrühren.

4 Den Aal aus dem restlichen Sud fischen. Die Kräuter (bis auf 1 TL) unter die Sauce rühren, Sauce mit übrigem Zitronensaft, Salz und Pfeffer würzen. Aal einlegen und ein paar Minuten in der Sauce ziehen lassen. Vor dem Servieren die übrigen Kräuter aufstreuen.

So viel Zeit muss sein: 30 Minuten
Das schmeckt dazu: Salzkartoffeln
Kalorien pro Portion: 655

Variante:

Aal mediterran

Den Aal in 3–4 cm lange Stücke schneiden und wie beschrieben in dem Sud ziehen lassen. Je 1 rote und grüne Paprikaschote und 2 Selleriestangen putzen, waschen und klein würfeln. 4 Knoblauchzehen schälen, fein schneiden und mit den Gemüsewürfeln in 2 EL Olivenöl andünsten. 1/4 Bund Oregano waschen, trockenschütteln, hacken und untermischen. Mit 400 g gehackten Tomaten (aus der Dose) aufgießen. Mit 2 EL Weinessig, Salz, Pfeffer und Zucker abschmecken. Zugedeckt 5 Minuten dünsten, dann den Aal untermischen und weitere 5 Minuten in der Gemüsesauce ziehen lassen.

Sesam-Tunfisch mit Lauchgemüse

Edel und simpel aus der Asia-Küche

Reicht für 4:

1 Stück frischer Ingwer (etwa 2 cm)

8 EL Sojasauce, Pfeffer aus der Mühle

700 g ganz frischer Tunfisch (am Stück)

2–3 Stangen Lauch (etwa 500 g)

250 g Champignons (auch sehr fein: Shiitake-Pilze)

4 Knoblauchzehen, 6 EL Öl

60 g helle Sesamsamen

100 ml Fischfond (ersatzweise Gemüsefond)

Salz, 1/2 TL Garam masala (auch unbedingt mal probieren: Ras-el-hanout)

1 EL Sesamöl

ein paar Tropfen Chiliöl nach Belieben

1 Ingwer schälen und sehr fein hacken oder auf der Rohkostreibe fein reiben. Mit Sojasauce und Pfeffer in einer flachen Schale verrühren. Den Tunfisch erst in etwa 2 cm dicke Scheiben schneiden, dann in etwa ebenso breite Streifen. In die Sojasauce legen und ungefähr 10 Minuten darin marinieren, dabei immer wieder mal wenden.

2 Lauch putzen, längs aufschlitzen und gründlich waschen, in 1 cm breite Streifen schneiden. Pilze mit einem feuchten Küchenpapier abreiben, Stielenden abschneiden. Pilze in 1/2 cm dicke Scheiben schneiden. Knoblauch schälen, in feine Scheiben teilen.

3 2 EL Öl erhitzen, Lauch und Pilze darin bei starker Hitze etwa 2 Minuten unter Rühren braten. Knoblauch kurz mitbraten. Fond dazugießen, Gemüse zugedeckt etwa 5 Minuten bei schwacher Hitze schmoren.

4 Derweil übriges Öl in einer großen Pfanne heiß werden lassen. Sesam auf einer Platte ausstreuen. Fischstücke aus der Sojasauce heben und im Sesam wälzen. Ins Öl legen und bei starker Hitze 1/2 Minute auf jeder Seite braten – auch auf den schmalen Endseiten, dazu die Fischstreifen mit einer Gabel und einem Kochlöffel festhalten.

5 Gemüse mit Salz, Garam masala, Sesamöl und nach Belieben Chiliöl würzen, auf Teller verteilen. Fisch darauf legen, gleich essen.

So viel Zeit muss sein: 35 Minuten
Das schmeckt dazu: Reis oder Glasnudeln
Kalorien pro Portion: 665

Auch gut:

Statt Lauchgemüse einen Salat machen, z. B. aus Feldsalat und rohen Pilzscheiben, und den Tunfisch darauf setzen. Mit Brot essen.

Makrelenfilets »Teriyaki«

Würziges für Japanfans

Reicht für 4:

8 kleinere Makrelenfilets mit Haut (je etwa 75 g, gut schmecken auch Heringfilets oder Sardinen)

1 Stück frischer Ingwer (etwa 4 cm)

2 EL Limettensaft (ersatzweise Zitronensaft)

50 ml Sake (Reiswein)

75 ml Sojasauce

75 ml Mirin (süßer Reiswein)

1 EL Zucker, 3 EL Öl

Für den Radieschensalat:

1 Bund Radieschen

1 Bund Schnittlauch

1 rote Chilischote

3 EL heller Reisessig

1 EL Zucker, Salz

1 Aus den Makrelenfilets die großen Gräten mit der Pinzette herauszupfen. Den Ingwer schälen und durch die Knoblauchpresse drücken. Mit dem Limettensaft mischen und auf die fleischige Seite der Makrelenfilets streichen. Kurz ziehen lassen.

2 Inzwischen für den Salat die Radieschen waschen, Wurzelbüschel und Blätter abschneiden. Radieschen in dünne Scheiben schneiden. Den Schnittlauch abbrausen und trockenschütteln, in etwa 1 cm lange Röllchen schneiden.

3 Die Chilischote waschen, den Stielansatz abschneiden. Schote samt Kernen in Ringe schneiden und mit dem Essig, 2 EL Wasser und dem Zucker in einem Topf aufkochen, bis sich der Zucker löst. Etwas abkühlen lassen, dann mit den Radieschen mischen und mit Salz abschmecken. Schnittlauch aufstreuen.

4 Für die Sauce Sake, Sojasauce, Mirin und Zucker vermischen. Öl in einer Pfanne heiß werden lassen. Die Makrelenfilets mit der Haut nach unten in die Pfanne legen und bei starker Hitze 3–4 Minuten braten. Die Sauce darüber gießen, Hitze klein stellen, Deckel auflegen, die Filets noch 2 Minuten ziehen lassen. Mit dem Salat essen.

So viel Zeit muss sein: 35 Minuten
Das schmeckt dazu: Reis oder japanische Buchweizennudeln
Kalorien pro Portion: 445

Saiblingfilets mit Estragontrauben

Auf der Haut gebraten: einfach knusprig!

Reicht für 4:

250 g blaue oder grüne Weintrauben

8 Stängel Estragon, 2 Frühlingszwiebeln

4 Saiblingfilets mit Haut (je etwa 150 g)

Salz, Pfeffer aus der Mühle

3 EL Butter

1/8 l trockener Weißwein (ersatzweise Fischfond)

2 TL Zitronensaft (wer Fischfond statt Wein nimmt, kann mit mehr Zitrone abschmecken)

1 Prise Zucker

1 Die Trauben waschen, Beeren von den Stielen zupfen und halbieren. Kerne mit der Messerspitze aus den Beeren pulen. Den Estragon waschen, trockenschütteln und fein hacken. Von den Frühlingszwiebeln die Wurzelbüschel abschneiden. Die Zwiebeln waschen und mit dem knackigen Grün in feine Ringe schneiden.

2 Den Backofen auf 50 Grad stellen, vier Essteller in den Ofen geben. Aus den Saiblingfilets die Gräten mit der Pinzette rauszupfen. Filets auf beiden Seiten mit Salz und Pfeffer würzen.

3 In einer Pfanne 2 EL Butter schmelzen lassen. Saiblingfilets mit der Hautseite nach unten einlegen und bei mittlerer Hitze etwa 5 Minuten braten, dann umdrehen und nur ein paar Sekunden braten.

4 Die Saiblingfilets auf die vorgewärmten Teller verteilen und im Ofen warm halten. Übrige Butter in die Pfanne geben, Trauben mit Zwiebelringen darin etwa 2 Minuten unter Rühren braten. Mit dem Weißwein ablöschen und gut aufkochen lassen. Estragon untermischen, die Sauce mit Zitronensaft, Salz, Pfeffer und Zucker abschmecken und über die Saiblingsfilets löffeln.

So viel Zeit muss sein: 25 Minuten
Das schmeckt dazu: Reis oder Salzkartoffeln
Kalorien pro Portion: 335

Auch gut:

Etwas Crème fraîche unter die Estragontrauben mischen, die macht die Fruchtsäure etwas milder.

Seezungenfilets mit Weißwein-sauce

Edelklassiker

Reicht für 4:

1 weiße Zwiebel

50 g kalte Butter + 2 EL weiche Butter

1/4 l trockener Weißwein (Prosecco, Cava oder Champagner schmecken auch lecker)

50 ml Noilly Prat (ein Weißweinwermut; nehmen, wenn einer im Haus ist, sonst einfach weglassen)

300 ml Fischfond

8 Seezungenfilets (je etwa 50 g; ebenfalls sehr gut: Scholle, Rotzunge oder Steinbutt)

Salz, Pfeffer aus der Mühle

150 g Sahne

2 TL Zitronensaft (auch fein: Weißweinessig)

1 Den Backofen auf 180 Grad vorheizen (auch schon jetzt: Umluft 160 Grad). Zwiebel schälen und in feine Ringe schneiden.

2 Von der kalten Butter 1 gehäuften EL in einem Topf zerlaufen lassen. Die Zwiebel einrühren und kurz andünsten. Wein und Noilly Prat dazuschütten, auf die Hälfte einkochen lassen. 1/4 l Fischfond dazu und noch einmal auf die Hälfte einkochen lassen. Das macht man bei mittlerer bis starker Hitze ohne Deckel und rührt immer mal wieder um.

3 In der Einkochzeit (der Profi nennt das Reduzieren), eine flache ofenfeste Form mit etwas weicher Butter auspinseln. Die Seezungenfilets leicht salzen und pfeffern und mit der ehemaligen Hautseite (das ist die glattere) nach innen der Länge nach zusammenklappen. Die Filets mit der übrigen weichen Butter einpinseln, in die Form legen und übrigen Fond darüber löffeln. Mit Butterbrotpapier abdecken und die Filets für etwa 10 Minuten in den Ofen (Mitte) schieben.

4 Wenn die Flüssigkeit für die Sauce richtig eingekocht ist, kommt die Sahne dazu. Die übrige kalte Butter klein würfeln und nach und nach mit dem Schneebesen unter die Sauce schlagen. Mit Salz, Pfeffer und dem Zitronensaft würzen. Die Fischfilets vorsichtig auf vorgewärmte Teller heben, etwas Sauce darüber löffeln, den Rest extra dazu stellen. Und jetzt nicht mehr lang warten ...

So viel Zeit muss sein: 30 Minuten
Das schmeckt dazu: Reis, feine Nudeln oder Salzkartoffeln
Kalorien pro Portion: 480

Schellfisch in pikanter Milch

Neuigkeiten aus Englands Kochtöpfen - gleich mit Beilage!

Reicht für 4:

700 g Kartoffeln (mehlig kochende Sorte)

Salz

1 rote Zwiebel

1/2 Bund Thymian

1 Stängel Salbei

2 getrocknete Chilischoten

1 l Milch

2 Lorbeerblätter

2 Sternanise (ersatzweise 1 TL Fenchelsamen)

8 Schellfischkoteletts (je etwa 90 g; auch gut: Seehecht, Seeteufel oder Lachs)

1 Die Kartoffeln schälen, waschen und in grobe Würfel schneiden. In Salzwasser zum Kochen bringen und zugedeckt in etwa 10–15 Minuten weich kochen.

2 Inzwischen die Zwiebel schälen und in feine Ringe schneiden. Kräuter abbrausen und trockenschütteln, mit der Küchenschere grob zerschneiden. Die Chilischoten in einem Mörser andrücken.

3 Die Milch in einen weiten Topf gießen, Zwiebel, Kräuter mit Lorbeerblättern, Chilis und Sternanisen zugeben. Milch erhitzen, gut salzen und etwa 10 Minuten bei schwacher Hitze leise vor sich hin köcheln lassen. Dann die Fischkoteletts einlegen und bei ganz schwacher Hitze zugedeckt etwa 8 Minuten im Milchfond gar ziehen lassen.

4 Die Koteletts aus dem Milchsud heben und auf vorgewärmte Teller legen. Kartoffeln mit dem Kartoffelstampfer zerdrücken und mit etwa 200 ml Milchsud mit den Schneebesen des Handrührgeräts zum Püree verrühren. Neben den Fisch mit auf die Teller geben. Etwas Sud über den Fisch löffeln.

So viel Zeit muss sein: 30 Minuten
Das schmeckt dazu: Gurkensalat
Kalorien pro Portion: 485

Auch gut:

Statt frischen Fisch unbedingt einmal geräucherten (Filets mit Haut) nehmen und nur 3–4 Minuten im Sud ziehen lassen.

Seeteufel mit grüner Sauce

Viva Italia!

Reicht für 4:

1/2 altbackenes Brötchen

je 1 Bund Petersilie und Basilikum

6 Sardellenfilets in Öl

2 EL Kapern, 4 Knoblauchzehen

1 grüne Chilischote

1/2 Bio-Zitrone

50 ml Olivenöl, Salz

4 kleine Möhren, 4 Frühlingszwiebeln

2 Stangen Staudensellerie

400 ml Fischfond (aus dem Glas oder selbst gekocht, Seite 80)

1/8 l trockener Weißwein

Pfeffer aus der Mühle

2 Lorbeerblätter

8 Seeteufelkoteletts (je etwa 100 g)

1 Für die Sauce Brötchen in lauwarmem Wasser einweichen. Kräuter waschen und trockenschütteln, die Blättchen abzupfen. Brötchen ausdrücken und mit Sardellen, Kapern und gut der Hälfte der Kräuter fein zerkleinern (Mixer oder Pürierstab).

2 Die übrigen Kräuter fein hacken. Knoblauch schälen und fein hacken. Chilischote waschen, vom Stiel befreien und ebenfalls sehr fein schneiden. Die Zitronenhälfte heiß waschen und die Schale dünn abschneiden und fein schneiden. Den Saft auspressen.

3 Kräuter, Knoblauch, Chili und Zitronenschale mit 1 EL Zitronensaft und dem Olivenöl unter das Brötchenpüree rühren. Sauce mit Salz abschmecken.

4 Für den Fisch die Möhren schälen und ganz lassen. Von den Frühlingszwiebeln die Wurzelbüschel abschneiden, die Zwiebeln waschen und längs halbieren. Den Sellerie waschen, putzen und in etwa 5 cm lange Stücke schneiden.

5 Fischfond mit dem Wein und 1/4 l Wasser, Salz, Pfeffer und Lorbeerblättern erhitzen. Gemüse darin etwa 5 Minuten bei mittlerer Hitze kochen lassen. Hitze klein stellen, Seeteufelkoteletts einlegen und bei halb aufgelegtem Deckel etwa 8 Minuten im Sud sanft ziehen lassen.

6 Fisch und Gemüse aus dem Sud heben und auf vorgewärmte Teller verteilen. Grüne Sauce getrennt dazu servieren.

So viel Zeit muss sein: 50 Minuten
Das schmeckt dazu: Salzkartoffeln oder ofenfrisches Weißbrot
Kalorien pro Portion: 355

Fischfilets auf Wurzelgemüse

Zart und scharf

Reicht für 4:

2 Möhren, 1 dicke Stange Lauch

2 Stangen Staudensellerie (auch fein: 1/4 Sellerieknolle)

4 Lachsforellenfilets ohne Haut (je etwa 160 g; ersatzweise Lachs-, Forellen-, Saibling- oder Wallerfilets)

Salz, Pfeffer aus der Mühle

1 Hand voll Borretschblätter (ersatzweise 1/2 Bund Dill)

50 g Butter, 100 ml trockener Weißwein

1/4 l Fischfond

1 Stück frischer Meerrettich (etwa 2 cm)

50 g Crème fraîche

2 TL Zitronensaft

1 Die Möhren schälen. Den Lauch putzen, längs aufschlitzen und gut waschen. Sellerie waschen und putzen. Möhren erst längs in dünne Scheiben und dann in feine Stifte schneiden. Den Lauch und Sellerie in feine Streifen schneiden und die auf 5 cm kürzen.

2 Aus den Fischfilets eventuell die Gräten mit der Pinzette herausziehen. Fisch mit Salz und Pfeffer würzen. Den Borretsch waschen, trockenschleudern und fein hacken.

3 Eine Pfanne mit Deckel suchen, in die alle Fischfilets nebeneinander passen. Gut die Hälfte der Butter darin schmelzen lassen. Das Gemüse einrühren und bei starker Hitze anbraten. Hitze auf mittlere Stufe schalten, Deckel auflegen und das Gemüse etwa 4 Minuten dünsten.

4 Gemüse salzen und pfeffern, den Wein angießen und fast verdampfen lassen, Fond dazuschütten. Fischfilets aufs Gemüse legen und mit dem Borretsch bestreuen. Die übrige Butter in Würfel schneiden, auf dem Fisch verteilen. Deckel wieder auflegen und den Fisch etwa 8 Minuten dünsten (dünne Filets wie von Saibling und Forelle nur 5 Minuten).

5 Inzwischen Meerrettich schälen und fein reiben. Den Fisch vorsichtig aus der Pfanne heben und auf vorgewärmte Teller legen. Crème fraîche unters Gemüse mischen und kräftig aufkochen lassen. Meerrettich untermischen und das Gemüse mit Salz, Pfeffer und Zitronensaft abschmecken. Über dem Fisch verteilen, gleich auf den Tisch stellen.

So viel Zeit muss sein: 40 Minuten
Das schmeckt dazu: Salzkartoffeln oder Reis und noch mehr geriebener Meerrettich
Kalorien pro Portion: 515

Ossobuco vom Seeteufel

Noch besser als das Original mit Fleisch

Reicht für 4:

400 g Tomaten (ersatzweise 1 kleine Dose Tomaten mit 400 g Inhalt)

2 große Möhren, 2 rote Zwiebeln

4 Knoblauchzehen

2 Stangen Staudensellerie

1 Bund Petersilie, 4 EL Olivenöl

1/8 l trockener Weißwein (ersatzweise Gemüsebrühe)

Salz, Cayennepfeffer

4–8 Seeteufelkoteletts (je nach Größe, insgesamt 700–800 g), 1/2 Bio-Zitrone

1 Die Stielansätze aus den Tomaten herausschneiden. Tomaten mit kochendem Wasser übergießen, kurz stehen lassen. Abgießen, abschrecken und häuten. Die Tomaten klein würfeln. (Für die Dosenvariante: die Tomaten in der Dose mit dem Messer klein schneiden.)

2 Möhren, Zwiebeln und 2 Knoblauchzehen schälen und ganz fein würfeln. Den Sellerie waschen und putzen, klein würfeln. Peter-

silie waschen, trockenschütteln und gut die Hälfte der Blättchen abzupfen und beiseite legen. Übrige Petersilie mit den zarten Stielchen fein hacken.

3 In einem Topf 2 EL Öl erhitzen, fein gewürfeltes Gemüse mit der gehackten Petersilie reinrühren, andünsten. Tomaten dazurühren, Wein dazuschütten. Alles mit Salz und Cayennepfeffer würzen und offen bei schwacher Hitze etwa 20 Minuten vor sich hin schmurgeln lassen. Ab und zu umrühren.

4 Dann Fischkoteletts salzen und pfeffern. Restliches Öl in einer Pfanne (mit Deckel) erhitzen, Koteletts darin auf beiden Seiten bei starker Hitze gut anbraten. Mit Tomatensauce übergießen und bei schwacher Hitze 10 Minuten zugedeckt schmoren.

5 Inzwischen die Zitrone heiß waschen und die Schale dünn abschneiden, übrigen Knoblauch schälen. Beides mit beiseite gelegten Petersilienblättchen fein hacken. Vor dem Servieren über den Fisch streuen.

So viel Zeit muss sein: 45 Minuten
Das schmeckt dazu: Brot oder Bratkartoffeln
Kalorien pro Portion: 295

Auch gut:

Zur Abwechslung Bio-Orangenschale und Minzeblättchen fein hacken und vor dem Servieren aufstreuen.

Rochenflügel mit Safran-Tomaten-Pilzen

Ganz was Besonderes

Reicht für 4:

600 g Tomaten, 300 g Champignons

1 EL Zitronensaft

2 Schalotten, 1 Knoblauchzehe

1 Döschen Safranfäden oder -pulver (0,1 g)

50 ml Fischfond (auch fein: trockener Sherry oder Noilly Prat, ein Weißweinwermut)

4 Rochenflügelfilets (je etwa 150 g)

Pfeffer aus der Mühle

1 TL rosenscharfes Paprikapulver

50 g Butter, Salz, 2 EL Olivenöl

1 Prise Zucker, 1/4 Bund Petersilie

1 Den Backofen auf 200 Grad vorheizen (auch schon jetzt: Umluft 180 Grad). Aus den Tomaten die Stielansätze herausschneiden. Tomaten mit kochendem Wasser übergießen, kurz ziehen lassen, abschrecken und häuten. Die Tomaten würfeln.

2 Pilze mit Küchenpapier sauber reiben, Stielenden abschneiden. Pilze in dünne Scheiben schneiden und mit Zitronensaft mischen. Schalotten und Knoblauch schälen und fein würfeln. Den Safran mit dem Fond mischen, Fäden vorher leicht zerreiben.

3 Die Rochenfilets mit Pfeffer und Paprika würzen. Die Butter in der Fettpfanne des Backofens auf dem Herd schmelzen lassen. Rochenfilets darin von beiden Seiten bei starker Hitze kurz anbraten. Den Rochen salzen und in den Ofen (Mitte) schieben, in etwa 10 Minuten gar braten.

4 Öl erhitzen, die Pilze mit Knoblauch und Schalotten unter Rühren 3–4 Minuten bei starker Hitze anbraten. Tomaten und Safran dazugeben, mit Salz und dem Zucker würzen, offen bei schwacher Hitze etwa 5 Minuten köcheln lassen. Die Petersilie abbrausen, trockenschütteln, fein hacken, unter die Sauce mischen. Filets auf vorgewärmte Teller legen, Safran-Tomaten-Pilze darauf löffeln.

So viel Zeit muss sein: 35 Minuten
Das schmeckt dazu: Weißbrot oder Bratkartoffeln
Kalorien pro Portion: 290

Tipp:

Einen Ersatz gibt es für den Rochen, der keine Gräten, sondern Knochen hat, eigentlich nicht, aber trotzdem schmecken die Pilze auch zu Steinbutt, Knurrhahn, Red Snapper oder anderen aromatischen Fischen, die man ebenfalls im Ofen zubereiten kann.

Paniertes Fischfilet

Ein Klassiker, der immer schmeckt

Reicht für 4:

4 Fischfilets (je etwa 180 g; da ist fast alles gut, es muss aber nicht edel sein: Rotbarsch, Seelachs, aber auch Weißer Heilbutt, Pangasius oder Tilapia, Zander oder Brasse)
2 EL Zitronensaft
Salz, Pfeffer aus der Mühle
4 EL Mehl
2 Eier (Größe M)
100 g Semmelbrösel
3 EL Butterschmalz zum Braten
Zitronenschnitze zum Servieren

1 Wenn es nötig ist, die Gräten mit einer Pinzette aus dem Fischfleisch ziehen. Die Fischfilets mit dem Zitronensaft beträufeln und mit Salz und Pfeffer würzen.

2 Auf einen flachen Teller das Mehl schütten und gleichmäßig verteilen. Die Eier auf einen zweiten Teller aufschlagen und mit einer Gabel verrühren, bis sich Eiweiß und Eigelb mischen. Auf einen dritten die Semmelbrösel streuen.

3 Und jetzt wird paniert: Die Fischfilets nacheinander zuerst mit beiden Seiten ins Mehl legen, anheben und überschüssiges Mehl abschütteln. Dann Fisch durch die Eier ziehen, auch von beiden Seiten, und zum Schluss in den Bröseln wenden. Nebeneinander auf ein Brett legen.

4 Butterschmalz in einer großen Pfanne (oder noch besser in zwei) zerlaufen und heiß werden lassen. Die Fischfilets einlegen und bei mittlerer Hitze 4 Minuten braten. Umdrehen und noch einmal so lange braten. Auf vorgewärmte Teller legen, die Zitronenschnitze dazu und auf den Tisch damit.

So viel Zeit muss sein: 25 Minuten
Das schmeckt dazu: Kartoffelsalat oder Bratkartoffeln
Kalorien pro Portion: 470

Es gibt noch mehr Panaden:

100 g Sesamknäcke oder Cornflakes in einen Gefrierbeutel schütten, mehrmals mit einem Nudelholz darüber rollen. Die Knäcke- oder Flakesbrösel statt Semmelbrösel nehmen. + 100 g Pumpernickel in sehr kleine Stücke brechen und ebenfalls statt Semmelbrösel nehmen. + Die Semmelbrösel durch fein geriebene Nüsse (z. B. Haselnüsse oder Walnüsse) ersetzen. + Unter die Semmelbrösel die fein abgeriebene Schale von 1/2 Bio-Zitrone, die fein gehackten Blättchen von 3 Stängeln Oregano und 2 fein gehackte Sardellenfilets (in Öl eingelegt) mischen. Schmeckt ganz besonders gut zu würzigem Fisch wie Schwert- oder Tunfisch.

Variante:

Fish 'n' Chips

Für den Teig 200 g Mehl in eine Schüssel geben und mit 1/4 l Wasser (feiner: Bier oder Cidre) und 2 Eiern (Größe M) mit dem Schneebesen gut verquirlen. Teig salzen und 30 Minuten stehen lassen. Inzwischen 700 g Fischfilet (am besten was Simples wie Seelachs oder Rotbarsch) in mundgerechte Würfel schneiden und mit 2 EL Zitronensaft mischen. 800 g Kartoffeln (fest kochende Sorte) schälen, waschen und mit dem Gurkenhobel in feine Scheiben teilen, mit Küchenpapier trockentupfen. 3/4 l Öl zum Frittieren gut heiß werden lassen. Kartoffeln portionsweise ins heiße Fett legen und etwa 3 Minuten frittieren. Mit dem Schaumlöffel herausheben, auf eine dick mit Küchenpapier ausgelegte Platte füllen und im Backofen bei 70 Grad heiß halten. Wenn alle Kartoffeln im Ofen sind, Teig noch einmal durchrühren. Fischstücke in den Teig legen, portionsweise mit einer Gabel rausfischen und in das Fett geben. Fisch 2 Minuten frittieren, herausheben und mit den Kartoffeln warm stellen. Wenn der ganze Fisch frittiert ist, kann's losgehen. Vorher aber Malzessig auf den Tisch stellen und den Fisch damit beträufeln. Zur Not passen auch milder Balsamico oder Zitronensaft.

Fischfilets in der Folie

Aromapackung!

Reicht für 4:

1 Kohlrabi (mit Grün), Salz

4 Frühlingszwiebeln

200 g Cocktailtomaten

1/2 Bund Basilikum (geht auch: Petersilie oder Borretsch oder 1/4 Bund Estragon)

150 g TK-Erbsen

Pfeffer aus der Mühle

4 Fischfilets (je etwa 180 g; z. B. Zander, Seelachs, Waller oder Lachs)

2 EL Zitronensaft

50 ml Fischfond

4 EL Olivenöl (ebenfalls fein: 2 EL Butter)

4 Bögen Alufolie

1 Den Kohlrabi schälen und alle holzigen Stellen abschneiden. Kohlrabi erst in Viertel, dann in ungefähr 1/2 cm dicke Scheiben schneiden. Das zarte Grün waschen und in feine Streifen schneiden. In einem Topf Wasser mit Salz aufkochen. Den Kohlrabi einlegen und 2 Minuten sprudelnd kochen. In ein Sieb schütten und kurz kalt überbrausen.

2 Die Frühlingszwiebeln putzen, waschen und mit dem knackigen Grün in dickere Ringe schneiden. Tomaten waschen und halbieren, die Basilikumblätter hacken.

3 Den Backofen auf 200 Grad vorheizen (auch schon jetzt: Umluft 180 Grad). Alufolie auf der Arbeitsplatte ausbreiten. Kohlrabi mit Zwiebeln, Tomaten, Basilikum und Erbsen mischen und mit Salz und Pfeffer würzen. Die Hälfte davon auf die Folienstücke verteilen.

4 Fischfilets mit Zitronensaft beträufeln, salzen, pfeffern und auf das Gemüse legen. Übriges Gemüse darauf häufen. Alles mit dem Fond begießen und mit Öl beträufeln (Butter in kleinen Stücken darauf setzen).

5 Folie über den Zutaten zusammenfalten und die Ränder gut zusammendrücken. Die Päckchen auf den Rost legen und in den Ofen (Mitte) schieben. Etwa 30 Minuten backen, dann die Päckchen auf den Tisch stellen und Fisch und Gemüse auf Teller löffeln.

So viel Zeit muss sein: 20 Minuten
(+ 30 Minuten Backzeit)
Das schmeckt dazu: Salzkartoffeln oder Brot
Kalorien pro Portion: 285

Auch gut:

Kohlrabi durch Salatgurken (unblanchiert, entkernt in Scheiben) oder auch Fenchel (blanchiert) ersetzen.

Fischkoteletts auf Kräuter-Wein-Kartoffeln

Ganz easy und super für Freunde

Reicht für 4:

800 g Kartoffeln (vorwiegend fest kochende Sorte)

2 Zwiebeln

1 Bund gemischte Kräuter (z. B. Petersilie, Borretsch, Sauerampfer, wenig Liebstöckel, Dill und Schnittlauch)

Salz, Pfeffer aus der Mühle

1 TL Kümmelsamen (nach Belieben)

2 EL Butter

4 Fischkoteletts (je etwa 180 g; z. B. Schellfisch, Weißer Heilbutt, Seeteufel oder Lachs)

1/4 l trockener Weißwein

1 Den Backofen auf 200 Grad vorheizen (auch schon jetzt: Umluft 180 Grad). Die Kartoffeln schälen, waschen und in ungefähr 2 cm große Würfel schneiden.

2 Die Zwiebeln schälen, vierteln und in breite Streifen teilen. Die Kräuter waschen, trockenschütteln und fein hacken. Einen kleinen Teil davon zugedeckt beiseite stellen.

3 Kartoffeln, Zwiebeln und die Kräuter in einer ofenfesten Form mischen, mit Salz und Pfeffer und eventuell auch mit dem Kümmel würzen. Die Butter in Stücke schneiden und darauf legen. Die Form in den Ofen (Mitte) schieben und alles etwa 30 Minuten backen, bis die Kartoffeln fast weich sind.

4 Die Fischkoteletts mit Salz und Pfeffer würzen. Kartoffeln mit dem Wein mischen, Fischkoteletts auf die Kartoffeln legen und alles noch 15–18 Minuten backen (kommt drauf an, wie dick die Koteletts sind). Übrige Kräuter aufstreuen, auf den Tisch stellen.

So viel Zeit muss sein: 20 Minuten
(+ ungefähr 45 Minuten Backzeit)
Das schmeckt dazu: Kopfsalat
Kalorien pro Portion: 380

Auch gut:
Die Kartoffeln mit Bier statt mit Wein mischen oder auch mal Cidre nehmen.

Forellenfilets in Pergament
Gut behütet

Reicht für 4:

500 g Spinat, Salz
1 kleine Salatgurke
1/2 Bio-Zitrone
4 Knoblauchzehen, 2 TL Koriandersamen
Pfeffer aus der Mühle, 2 EL Olivenöl
8 Forellenfilets ohne Haut (je 80–100 g; ersatzweise Saibling, Scholle oder Seezunge)
2 EL cremige saure Sahne, 2 TL scharfer Senf
4 Bögen Pergamentpapier

1 Vom Spinat die dicken Stiele abknipsen und welke Blätter aussortieren. Spinat im Waschbecken in viel kaltem Wasser schwenken und gut waschen. So oft wiederholen, bis das Wasser sauber bleibt. Wenig Wasser im Topf zum Kochen bringen und salzen. Spinat in den Topf werfen, Deckel auflegen und den Spinat 1–2 Minuten erhitzen, bis die Blätter zusammenfallen. In ein Sieb schütten, kalt überbrausen und abtropfen lassen.

2 Die Gurke schälen und der Länge nach aufschneiden. Die Kerne mit einem Löffel herauskratzen, Gurke quer in etwa 1/2 cm dicke Scheiben schneiden. Die Zitrone heiß waschen, die Schale dünn abschneiden und in feine Streifen schneiden, den Saft auspressen. Knoblauch schälen und in möglichst dünne Scheiben schneiden.

3 Backofen auf 200 Grad vorheizen (auch schon jetzt: Umluft 180 Grad). Die Koriandersamen in einer Pfanne ohne Fett anrösten, bis sie würzig duften. In den Mörser geben und fein zerstoßen. Spinat zerpflücken und mit Gurke, Zitronenschale, Knoblauch und Koriander mischen. Mit Salz, Pfeffer und etwas Zitronensaft abschmecken.

4 Pergamentpapierbögen auf der Arbeitsfläche ausbreiten und mit dem Öl einpinseln. Die Hälfte der Spinatmischung darauf löffeln. Forellenfilets mit dem übrigen Zitronensaft beträufeln und mit Salz und Pfeffer würzen. Jeweils 2 Filets auf den Spinat legen, übrigen Spinat darüber verteilen. Papier zusammenfalten und die Enden gut zusammendrücken und -drehen. Päckchen auf das Backblech legen und den Fisch im Ofen (Mitte) etwa 15 Minuten backen. Im Papier auf den Tisch stellen. Saure Sahne mit dem Senf verrühren und mit Salz würzen. Die Päckchen öffnen, die Senfsahne über dem Spinat verteilen.

So viel Zeit muss sein: 40 Minuten
(+ 15 Minuten Backzeit)
Das schmeckt dazu: frisches Weißbrot
Kalorien pro Portion: 285

Tunfisch mit Birnen-Salsa

Perfektes Paar, nicht nur für Sommertage

Reicht für 4:

6 Knoblauchzehen
2 EL Zitronensaft
6 EL Olivenöl
4 Tunfischsteaks (je etwa 2 cm dicke und 180–200 g schwere Scheiben)
300 g aromatische Birnen
1 Stange Staudensellerie
2 Zweige Thymian
2 Salbeiblättchen
1 TL Fenchelsamen
50 ml trockener Weißwein (ersatzweise Gemüsebrühe)
1 TL Birnendicksaft (auch fein: Honig)
2 TL Balsamico bianco
Salz
Cayennepfeffer
Pfeffer aus der Mühle

1 4 Knoblauchzehen schälen und in dünne Scheiben schneiden. Mit dem Zitronensaft und 4 EL Öl verrühren. Die Tunfischsteaks nebeneinander in eine Form legen und mit der Knoblauchmischung bedecken. Etwa 4 Stunden in den Kühlschrank stellen.

2 Für die Salsa die Birnen vierteln, schälen, entkernen und würfeln. Den Sellerie waschen und putzen, in ganz kleine Würfel schneiden. Übrigen Knoblauch schälen und fein hacken. Kräuter abbrausen, trockenschütteln, hacken.

3 Übriges Öl im Topf warm werden lassen. Sellerie mit Fenchelsamen und Kräutern einrühren, bei mittlerer Hitze etwa 5 Minuten garen, häufig durchrühren. Knoblauch kurz mitbraten, dann Birnen und den Wein dazugeben. Mit Birnendicksaft, dem Balsamessig, Salz und Cayennepfeffer abschmecken und noch 2–3 Minuten garen. Abkühlen lassen.

4 Den Holzkohlengrill anheizen oder den Backofengrill anschalten. Knoblauch von den Tunfischsteaks abstreifen. Die Steaks über der Glut oder unter den Grillschlangen 3–4 Minuten pro Seite grillen (jeweils mit etwa 10 cm Abstand). Salzen und mit Pfeffer übermahlen. Mit der Salsa essen.

So viel Zeit muss sein: 50 Minuten (+ 4 Stunden Marinierzeit)
Das schmeckt dazu: kleine, in der Schale in Olivenöl gebratene Kartoffeln
Kalorien pro Portion: 620

Gegrillter Joghurt-Lachs

Kann ruhig länger in seiner Joghurtmarinade ziehen

Reicht für 4:

3 Knoblauchzehen
1 Stück frischer Ingwer (etwa 1 cm)
1 rote Chilischote
je 1 TL Koriander- und Kreuzkümmelsamen
1 TL edelsüßes Paprikapulver
1 Prise Zimtpulver
2 EL Zitronensaft
250 g cremiger Joghurt
Salz
4 Stück Lachsfilet (je etwa 160 g)
Alufolie (wenn man über Holzkohle grillt)
etwas Öl zum Bestreichen

1 Knoblauch und Ingwer schälen, durch die Knoblauchpresse in ein Schälchen pressen. Die Chilischote waschen, Stiel abschneiden. Schote mit den Kernen schön fein hacken.

2 Eine kleine Pfanne heiß werden lassen, Koriander und Kreuzkümmel darin unter Rühren etwa 1 Minute rösten, bis sie würzig

duften. In den Mörser schütten und fein zerdrücken. Mit Paprika, Zimt, Zitronensaft und Joghurt in das Schälchen geben und gut verrühren. Die Marinade mit Salz würzen.

3 Die Lachsfilets in eine flache Schale legen und mit der Marinade begießen. Fisch zugedeckt für mindestens 4 Stunden in den Kühlschrank stellen.

4 Dann Holzkohlengrill anheizen oder Backofengrill anschalten. Holzkohlengrill: Rost mit Alufolie belegen und leicht einölen. Die Lachsfilets darauf 10 Minuten grillen, dabei einmal wenden (etwa 10 cm Abstand zur Glut). Backofengrill: Filets abtropfen lassen, in eine ofenfeste Form oder aufs Backblech (beides gefettet) legen und unter den Grillschlangen (etwa 10 cm Abstand) ebenfalls 10 Minuten grillen, dabei einmal wenden.

So viel Zeit muss sein: 20 Minuten
(+ 4 Stunden Marinierzeit)
Das schmeckt dazu: Fladenbrot und grüner Salat, Zitronenschnitze zum Garnieren
Kalorien pro Portion: 370

Für Backofengrill-benutzer:

Während der letzten 1–2 Minuten Grillzeit die Marinade neben den Fisch gießen. Die gerinnt zwar dabei, ist aber eine tolle Sauce zum Fisch. In dem Fall Reis dazu essen.

Zanderfilets mit Paprika-sahne

Alles vorbereiten und nur noch garen, wenn die Gäste da sind

Reicht für 4:

- 2 rote Paprikaschoten
- 4 große Knoblauchzehen
- 6 Stängel Bohnenkraut (mal probieren: Thymian oder Oregano)
- 4 Zanderfilets (je etwa 180 g; auch gut: Lachs, Kabeljau, Dorade oder Rotbarsch)
- 2 EL Zitronensaft
- Salz, Pfeffer aus der Mühle
- 200 g Sahne
- 50 ml Noilly Prat (ein Weißweinwermut, ersatzweise Weißwein oder Fischfond)
- 1 EL kleine Kapern
- 1 TL rosenscharfes Paprikapulver

1 Den Backofen auf 250 Grad vorheizen (auch schon jetzt: Umluft 220 Grad). Backblech mit Backpapier auslegen. Paprikaschoten waschen und längs halbieren, den Stiel rausbrechen und die Trennhäutchen mit den Kernen abzupfen. Paprika mit der Haut nach oben aufs Backblech setzen. Die Knoblauchzehen voneinander lösen und daneben legen. Paprika und Knoblauch im Ofen (Mitte) etwa 15 Minuten backen, bis die Schoten große dunkle Blasen haben.

2 Paprika und Knoblauch aus dem Ofen nehmen (Ofen dann auf 200 Grad schalten, Umluft 180 Grad) und mit einem feuchten Küchentuch abdecken, kurz stehen lassen.

3 Inzwischen das Bohnenkraut waschen, trockenschütteln und fein hacken. Die Gräten mit der Pinzette aus den Zanderfilets zupfen. Filets mit dem Zitronensaft beträufeln, mit Salz und Pfeffer würzen und nebeneinander in eine ofenfeste Form legen.

4 Die Haut von den Paprikaschoten abziehen, die Schoten klein würfeln. Die Knoblauchzehen aufschneiden, das Knoblauchfleisch herauslösen und fein zerdrücken. Paprika und Knoblauch mit der Sahne, dem Noilly Prat, Bohnenkraut und den Kapern verrühren. Mit Paprikapulver, Salz und Pfeffer abschmecken. Über die Fischfilets gießen. Den Fisch in den Ofen (Mitte) schieben und etwa 12 Minuten backen.

So viel Zeit muss sein: 25 Minuten
(+ ungefähr 30 Minuten Backzeit)
Das schmeckt dazu: Reis oder Salzkartoffeln
Kalorien pro Portion: 320

Fischfilet mit Bröselhaube

Macht dem Schlemmerfilet Konkurrenz

Reicht für 4:

1/2 Bio-Zitrone

4 Fischfilets (je etwa 160 g; z. B. Seelachs, Rotbarsch, Steinbeißer oder Weißer Heilbutt)

Salz, Pfeffer aus der Mühle

2 Frühlingszwiebeln, 2 Knoblauchzehen

1 Bund gemischte Kräuter (etwa 40 g; z. B. Borretsch, Petersilie, Dill, Zitronenmelisse und Schnittlauch)

2 EL Butter, 2 Eiweiße (Größe M)

2 TL scharfer Senf

2 TL Tomatenmark

80 g Semmelbrösel

1 Zitrone heiß waschen und die Schale dünn abschneiden, Saft auspressen. Die Fischfilets mit etwa 2 EL Zitronensaft beträufeln und auf beiden Seiten mit Salz und Pfeffer würzen.

2 Backofen auf 200 Grad vorheizen (auch schon jetzt: Umluft 180 Grad). Eine ofenfeste Form suchen, in der die Filets nebeneinander Platz haben. Fisch gleich reinlegen.

3 Die Wurzelbüschel und die welken Teile von den Frühlingszwiebeln abschneiden. Zwiebeln waschen und mit dem Grün fein schneiden. Knoblauch schälen und fein hacken. Kräuter abbrausen, trockenschütteln und ebenfalls fein hacken. In einer kleinen Pfanne 1/2 EL Butter schmelzen, Zwiebeln und Knoblauch kurz darin dünsten. Kräuter untermischen, Pfännchen vom Herd ziehen.

4 Die Eiweiße zu steifem Schnee schlagen. Zitronenschale fein hacken und mit Senf und Tomatenmark unter den Eischnee rühren. Kräutermischung und Semmelbrösel mit dem Schneebesen oder einer Gabel unterheben, mit Salz und Pfeffer würzen. Die Bröselmasse gleichmäßig auf den Filets verstreichen. Die übrige Butter in kleine Würfel schneiden und auflegen. Fisch in den Ofen (Mitte) schieben und etwa 15 Minuten backen, bis die Haube schön braun ist.

So viel Zeit muss sein: 25 Minuten
(+ 15 Minuten Backzeit)
Das schmeckt dazu: Salzkartoffeln oder Brot und Tomatensalat
Kalorien pro Portion: 220

Auch gut:

Rucola statt der Kräuter nehmen. Und ein paar getrocknete, in Öl eingelegte Tomaten mit dem Knoblauch fein zerkleinern. Wer mag, kann noch 2 Sardellenfilets (auch in Öl) klein schneiden und drunterrühren.

Tunfisch mit Salbeitomaten

Rasant gemacht

Reicht für 4:

4 Scheiben Tunfisch (je etwa 1 cm dick und 180 g schwer)

Salz, Pfeffer aus der Mühle

1/2 Bio-Zitrone

16 Salbeiblättchen

150 g Tomaten

4 EL Olivenöl + Öl für die Form

1 Den Backofen auf 250 Grad vorheizen (auch schon jetzt: Umluft 220 Grad). Eine ofenfeste Form oder das Backblech mit etwas Öl ausstreichen.

2 Die Tunfischscheiben mit Salz und Pfeffer würzen und nebeneinander in die Form oder aufs Blech legen.

3 Zitrone heiß waschen und ungefähr die Hälfte der Schale dünn abschneiden und fein hacken. Salbei abbrausen, trockentupfen und auch ganz fein schneiden. Die Tomaten waschen und in kleine Würfel schneiden, dabei die Stielansätze entfernen.

4 Tomaten mit Salbei, Zitronenschale und Olivenöl verrühren und mit Salz und Pfeffer würzen. Auf den Tunfischscheiben verteilen. Tunfisch in den Ofen (Mitte) schieben und 6–7 Minuten backen, bis die Tomaten leicht braun sind. Auf vorgewärmten Tellern auf den Tisch stellen.

So viel Zeit muss sein: 10 Minuten
(+ ungefähr 7 Minuten Backzeit)
Das schmeckt dazu: Rosmarinkartoffeln oder Weißbrot und ein Blattsalat
Kalorien pro Portion: 500

Auch gut:

Bei diesem Rezept passt auch Schwertfisch, der immer ein optimaler Ersatz für Tunfisch ist. Auch fein sind Seeteufel, Steinbeißer, Lachs oder Karpfen. Wer den intensiven Salbeigeschmack nicht so mag, steigt um auf Estragon (anders, aber auch intensiv) oder den etwas milderen Oregano.

Fischröllchen mit feiner Orangenbutter

Fruchtiges für die Winterzeit

Reicht für 4:

8 Schollenfilets (insgesamt um die 600 g; auch gut: Seezungenfilets, dünne Schwertfisch- oder Tunfischscheiben)
1/4 Bund Thymian
3 Knoblauchzehen
2 EL Zitronensaft
Salz, Cayennepfeffer
frisch geriebene Muskatnuss
1 Prise gemahlene Gewürznelken
1 Bio-Orange
50 g Butter
1 EL Orangenmarmelade
1 Msp. Kakaopulver
2 EL Orangenlikör (nach Belieben)

1 Den Backofen auf 220 Grad vorheizen (auch schon jetzt: Umluft 200 Grad). Eine flache ofenfeste Form raussuchen.

2 Die Schollenfilets auf einem großen Küchenbrett ausbreiten. Thymian abbrausen und trockenschütteln, die Blättchen von den Zweigen abstreifen. Knoblauch schälen und fein hacken. Beides mit Zitronensaft verrühren, mit Salz, Cayennepfeffer, Muskat und Nelken würzen und auf den Filets verteilen. Aufrollen, außen nur salzen und nebeneinander in die Form legen.

3 Die Orange heiß waschen und die Schale fein abreiben oder mit dem Zestenreißer abziehen, den Saft auspressen. Orangenschale, Butter und Orangenmarmelade mit Salz und dem Kakao gut verkneten, in kleine Würfel schneiden und auf den Fischfilets verteilen. Orangensaft nach Belieben mit dem Likör verrühren und daneben gießen. Fisch in den Ofen (Mitte) schieben und etwa 12 Minuten garen, bis die Röllchen leicht gebräunt sind.

So viel Zeit muss sein: 25 Minuten
(+ ungefähr 12 Minuten Backzeit)
Das schmeckt dazu: Fladenbrot und Rucolasalat
Kalorien pro Portion: 260

Auch gut:

Die Orangenmarmelade durch eingelegte Preiselbeeren ersetzen.

Blitzfilets mit Gurkensauce

Da kann nichts trocken werden

Eine Pfanne oder einen Topf sehen diese Filets nicht. Der heiße Teller und eine heiße Sauce reichen aus zum Garen. Dazu müssen für das zarte Fischvergnügen die Filets aber unbedingt schön dünn und ganz frisch sein.

Reicht für 4 Experimentierfreudige:

600 g ganz frische Schollenfilets, Seezungenfilets oder dünne Scheiben Tunfisch, Schwertfisch oder Seeteufel
2 EL Zitronensaft
Salz, Pfeffer aus der Mühle
1/2 Salatgurke
2 Schalotten, 1 Bund Dill
1 großes Stück Bio-Zitronenschale
1 EL Butter
150 ml Fischfond (ersatzweise Gemüsebrühe), 175 g Sahne

1 Die Fischfilets nebeneinander auf eine Platte legen, den Zitronensaft darüber löffeln und den Fisch mit Salz und Pfeffer würzen.

2 Den Backofen auf 120 Grad schalten (auch schon jetzt: Umluft 100 Grad). Vier Porzellan- oder Steingutteller gleich von Anfang an darin heiß werden lassen.

3 Für die Sauce die Gurke schälen und der Länge nach aufschneiden. Kerne mit einem Teelöffel herauskratzen, die Gurke in sehr kleine Würfel schneiden. Die Schalotten schälen und ganz fein hacken. Den Dill abbrausen und trockenschütteln. Dicke Stängel abknipsen, den Rest mit der Zitronenschale schön fein hacken.

4 Die Butter in einem Topf zerlaufen lassen. Schalotten einrühren und etwa 2 Minuten bei mittlerer Hitze andünsten. Gurkenwürfel mit Zitronenschale und der Hälfte vom Dill dazugeben und kurz weiterdünsten. Fond und Sahne angießen und bei starker Hitze kräftig aufkochen. Die Sauce mit Salz und Pfeffer abschmecken, übrigen Dill untermischen.

5 Die Teller aus dem Ofen holen und nebeneinander auf die Arbeitsfläche stellen. Fischfilets darauf verteilen, 1/2 Minute stehen lassen und umdrehen. Die Sauce ganz heiß darüber löffeln. 1–2 Minuten warten und schon mal nach den Topflappen greifen ... Teller auf den Tisch stellen. Und los geht's!

So viel Zeit muss sein: 20 Minuten
Das schmeckt dazu: Salzkartoffeln oder einfach nur Weißbrot
Kalorien pro Portion: 335

100-Grad-Fischfilet

Sanfter geht's kaum

Was bei so niedriger Temperatur gart, kann gar nicht trocken werden. Nein, das Filet zergeht geradezu auf der Zunge. Einziger Nachteil: Es wird nur lauwarm. Das passt aber besonders gut zu Salat oder lässt sich ausgleichen durch einen gut vorgewärmten Teller und eine knallheiße Sauce, etwa die Senfsauce von Seite 57.

Reicht für 4:

4 EL Öl (je nach Lust und Laune was Würziges wie Oliven- oder Rapsöl oder was Sanftes wie Traubenkern- oder Keimöl)
Salz, Pfeffer aus der Mühle
1/2 TL gemahlener Koriander
8 ganz frische Fischfilets (je etwa 80 g; sehr gut schmeckt (Wild-)Lachs, aber auch Goldbrasse, Wolfsbarsch oder Steinbeißer sind köstlich)

1 Den Backofen auf 100 Grad stellen (auch schon jetzt: Umluft 80 Grad).

2 Öl mit Salz, Pfeffer und dem Koriander gründlich verrühren. Die Fischfilets auf beiden Seiten mit dem Öl einpinseln und nebeneinander in eine ofenfeste Form legen. In den Ofen (Mitte) schieben und den Fisch 20 Minuten garen. Fertig!

So viel Zeit muss sein: 5 Minuten
(+ 20 Minuten Garzeit)
Das schmeckt dazu: ein Salat
(z. B. Feldsalat mit dünnen rohen Pilzscheiben oder ein Blattsalat mit Tomaten- und Gurkenwürfelchen)
Kalorien pro Portion: 395

Auch gut:

Den Fisch vor dem Garen marinieren, z. B. in einer Mischung aus dem Öl, Knoblauch in Scheiben, Basilikum in Streifen und ganz wenig Zitronensaft. Garen wie beschrieben, aber vorher den Knoblauch entfernen.

Gedämpfte Fischfilets

Und noch mal was Zartes

Reicht für 4:

100 g Romana-Salat
1 junger Kohlrabi
4 Frühlingszwiebeln
Salz, Pfeffer aus der Mühle
2–3 Stängel Estragon
1 EL Kapern
2 EL weiche Butter
4 Fischfilets (je etwa 180 g; z. B. Lachs, Steinbeißer, Goldbrasse oder Zander)
2 EL Zitronensaft
1/8 l Fischfond
1/8 l trockener Weißwein (ersatzweise Fischfond)
je 1 TL rosenscharfes und edelsüßes Paprikapulver **oder**
2 TL Wasabi (japanischer grüner Meerrettich, aus der Tube) **oder**
1 EL frisch geriebener Meerrettich **oder**
1 EL körniger Senf

1 Salatblätter vom Strunk trennen, waschen, trockenschleudern und in breitere Streifen schneiden. Den Kohlrabi schälen und in feine Streifen schneiden. Die Frühlingszwiebeln putzen, waschen und in etwa 10 cm lange Stücke schneiden. Die Stücke längs auch noch vierteln. Alles mischen, salzen, pfeffern und in einen großen Dämpfeinsatz legen. Estragon abbrausen und trockenschütteln, Blättchen abzupfen und mit den Kapern fein hacken. Beides mit der Butter vermengen.

2 Wenn nötig, aus den Fischfilets die Gräten mit der Pinzette rausziehen. Filets mit dem Zitronensaft beträufeln, salzen, pfeffern und nebeneinander auf das Gemüse legen. Butter in kleinen Flöckchen darauf setzen.

3 Fischfond mit dem Weißwein und 75 ml Wasser in den Wok oder in einen weiten Topf schütten und aufkochen. Den Dämpfeinsatz hineinsetzen oder einhängen, den Deckel auflegen. Den Fisch 5–8 Minuten bei starker Hitze dämpfen.

4 Den Dämpfeinsatz aus dem Wok oder von dem Topf heben. Dämpfsud ganz nach Lust und Laune mit Paprika, Wasabi, Meerrettich oder Senf und in jedem Fall mit Salz abschmecken. Gemüse und Fisch auf Teller verteilen, den Sud darüber löffeln.

So viel Zeit muss sein: 30 Minuten
Das schmeckt dazu: Salzkartoffeln
Kalorien pro Portion: 425

Bunt

Und das nicht immer nur am Freitag.

gemischt

»Jeder soll freitags einen Fisch im Topf haben!« Wieso denn nur einen? Das geht doch viel bunter, zum Beispiel in einem Frikassee mit Fischfilet und Krabben oder in einer Bouillabaisse. Und wenn man sowieso gerade am Kleinschneiden ist, dann kann es ja gleich noch ein bisschen feiner werden – zarte Klößchen aus Fischfarce etwa oder Fischpflanzerl mit viel Würze.

Und es muss nicht immer nur Fisch drin sein. Krabben hatten wir schon, aber auch Tintenfisch oder Muscheln machen sich bestens in einer Suppe mit Gutem aus dem Meer. Und ist noch Gemüse dabei, wird sie gleich zum Eintopf. Geht Fleisch auch? Aber klar, und zwar richtig deftig und scharf wie etwa die spanische Chorizo-Wurst.

Wenn wir schon so weit sind, dann können wir auch noch einen Kuchen backen. Wir sagen nur: Fish-Pie! Zu kompliziert? Dann wenigstens einen Auflauf – den wir aber eigentlich als Salat kennen: Fisch-Gratin mit Tomaten, Mozzarella und Basilikum. Hmmm! Wer hat bloß gesagt, dass man immer nur freitags Fisch im Topf haben soll?

Luxus für alle

Hummerbutter

Wenn vom letzten Hummeressen noch Schalen übrig sind, lässt sich daraus Hummerbutter kochen, die simple Saucen oder Suppen edel macht. Gab und gibt kein Hummeressen? Geht auch mit den Schalen von rohen Garnelen (immer wieder welche einfrieren!).

Sind 250 g zusammen, im Kühlschrank auftauen, gut waschen und trockentupfen. 1 Bund Suppengrün putzen, je 1 Zwiebel und Knoblauchzehe schälen, alles grob schneiden. 250 g Butter im Topf zerlassen, Schalen reintun, 5 Minuten schmurgeln lassen. Das Gemüse und 1 TL Tomatenmark (Knoblauch noch nicht) 2 Minuten mitschmurgeln. Jetzt 1 Lorbeerblatt, 1/2 TL Fenchelsamen, den Knoblauch, 50 ml Weinbrand und 150 ml Fischfond dazugeben und 30 Minuten bei kleiner Hitze köcheln lassen. Über Nacht durchziehen lassen, noch mal erhitzen und durch ein feines Sieb gießen. Abgekühlt in den Kühlschrank damit, bis sich die feste »Hummerbutter« abnehmen und in Stückchen einfrieren lässt. Wird zur Vollendung in Suppen und Saucen gerührt oder an gedünsteten und gebratenen Fisch gegeben. Oder Nudeln darin erhitzen.

Fisch und ...

... Rotwein

»Fisch und Rotwein? Na klar! Jeder, wie es ihm schmeckt.« Klingt flott und ist im Trend, haut aber nicht immer hin. Denn zartes Fischfleisch und seine meist zurückhaltende Zubereitung hat auch gegen den Lieblingsrotwein wenig Chancen, wenn der eine richtige Zigarre ist. Aber man kann sich in der Mitte treffen: »Dunkel« zubereiteter Fisch – würzig in der Haut gegrillt oder kräftig mit Tomaten (und vielleicht sogar Rotwein) geschmort – passt zu jungen, eher fruchtigen statt wuchtigen, tanninarmen, aber nicht süßen Roten, die einem das Trinken leicht machen: Pinot Noir oder Beaujolais etwa, die oft gekühlt getrunken werden. Fetter Fisch wie Tunfisch, Makrele, Hering, Sardine und zum Teil auch Lachs sowie Muscheln vertragen das besonders gut.

Tante Ilse rät

Was mach' ich mit dem Tiefkühlfisch?

Liebe Tante Ilse,
wir wohnen hier mitten auf dem Land und der nächste Fischladen ist nicht nur ein paar Acker weit weg, er sieht auch noch ziemlich trübe aus. Dafür ist die Tiefkühltruhe in unserem Supermarkt bestens mit Fisch bestückt. Findest du sowas auch gut?
Samantha aus Hörgenau

Tante Ilse rät:
Na klar, besser guter TK-Fisch als gar keiner oder schlechter Frischfisch. Sind da noch Meeresfrüchte, lass dich ruhig inspirieren. Zumindest Garnelen, aber auch viele Tintenfische und Muscheln werden vom Fischhändler oft auch nur aufgetaut. Aber was sind nun gute TK-Fische und -Meeresfrüchte? Sehr gut ist es, wenn sie einzeln in Folie gewickelt oder gar mit einem dünnen klaren Eisschutzfilm überzogen sind, sodass sie sich einzeln aus der Packung nehmen lassen und nicht vertrocknen können. Schlecht ist, wenn die Stücke zum großen Block gefroren sind , jede Menge »Schneeeis« in der Packung steckt, diese beschädigt ist oder alles darin einfach lose herumkullert.

Beim Kauf sollte TK-Fisch zum Schluss in den Wagen kommen (und am besten in die Thermotasche), auch wenn er daheim gleich aufgetaut wird. Das wiederum sollte vor allem bei großen oder empfindlichen Stücken in einer Schüssel im Kühlschrank passieren. Das dauert zwar, aber es geht weniger Saft verloren als beim Auftauen im Raum. Nur dünne Filets können schnell für 1 Stunde in die Küche gestellt werden. Tabu: Mikrowelle oder Einlegen in warmes Wasser. Ein Muss: vor dem Garen sehr gut trockentupfen.

Unser liebstes Meerestier:

die Garnele

engl. prawn, shrimp; franz. crevette, gambon; span. gamba, camaron; jap. ebi

+ weil sie reich schmeckt, wenn sie gut ist + weil sie sich auf viele Arten garen lässt + weil sie dann toll aussieht und jedes Essen edel bis exotisch macht

Das ist sie:
+ Krebstier, aber nicht Krebs, Krabbe, Scampo + in allen Weltmeeren zu Hause + beliebt als Geißel- oder Felsengarnele vor allem aus wärmerem Gebiet (Gambero rosso, Black Tiger Prawn, Riesengarnele), die 12–30 cm lang sein kann, zum Teil gezüchtet + geschätzt als kleinere Tiefseegarnele (Grönland-Shrimp) oder Granat (»Nordsee-Krabbe«) aus kalten Gewässern des Nord-Atlantik und -Pazifik, die nach dem Fang auf dem Schiff sofort gegart und meist tiefgekühlt wird + im Handel gefroren oder aufgetaut, roh oder gegart, mit oder ohne Schale

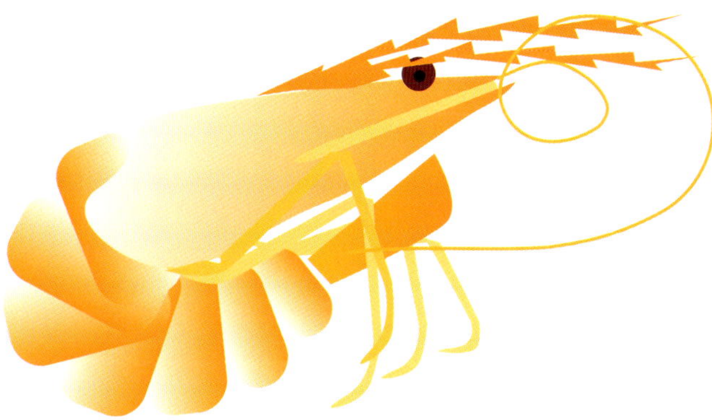

Da findet man sie:
+ in der Pfanne, auf dem Grill (meist mit Schale) + im Topf gedünstet, gedämpft (mit und ohne Schale) + in Suppen, Ragouts und Saucen (ohne Schale) + in Salaten, Cocktails und auf Broten (ohne Schale)

Das mag sie:
+ Öl, Mayonnaise, Butter, Sahne, Zitrussaft, Weißwein, Cognac + Senf, Sojasauce, Ketchup, Currypaste, Pesto + Fenchel, Safran, Vanille + Knoblauch, Ingwer, Chili + Dill, Estragon, Kerbel, Koriander, Lorbeer, Thymian, Rosmarin

Das ist nix:
+ langes Liegen und Garen + ungeschält in Suppen, Saucen und Salaten

Fischbrötchen **Nr. 3**

Bob's Krabben-burger

Eingeweihte wissen was gemeint ist. Der Rest darf sich über ein neues gutes Rezept freuen. Wichtig: Es nimmt nicht in Anspruch, von einem Zeichentrickschwamm zu sein, der damit täglich die Zuschauer einer US-Comicserie beglückt. (Die verklagen einen so schnell in Amerika ...)

Wir nehmen für 4 Burger 150 g rohe Garnelen ohne Schale und hacken sie mit einem großen Messer ganz klein. Dann 1 Bund Frühlingszwiebeln putzen und waschen und in feine Ringe schneiden, 4 EL davon beiseite stellen. Den Rest samt 250 g Schweinehack und 2 TL Speisestärke mit den Krabben vermischen. Mit Salz und Tabasco nach Geschmack würzen.

Daraus vier rund 2 cm dicke Steaks formen. Diese in der mittelheißen Pfanne in 2 EL Öl pro Seite 2-3 Minuten braten. Derweil 4 Hamburgerbrötchen aufschneiden, 2 EL Ketchup mit 1 EL Senf verrühren und auf die Unterseiten streichen. Darauf je 1 Blatt Eisbergsalat, 1 Krabbensteak, übrige Zwiebelringe und die zweite Brötchenhälfte geben.
»Fertig, Thaddäus!«

Fischfond

Grundlage für vieles, doppelt konzentriert

Reicht für 1 l Fischfond:

800 g Gräten und Köpfe von Edelfischen (z. B. Steinbutt, Scholle, Wolfsbarsch; aber keine fetten Fische wie Lachs oder Makrele nehmen!)

1 Fenchelknolle, 2 Möhren

2 Stangen Staudensellerie

1 Stange Lauch, 4–5 Zweige Thymian

2 Lorbeerblätter, 2 TL Pfefferkörner

Salz

1 Die Gräten und Fischköpfe waschen, aus den Köpfen die Kiemen herauslösen – einfach mit einem kräftigen Ruck rausziehen. Gräten und Köpfe in einen großen Topf legen und 2 l Wasser darüber gießen. Das Wasser langsam zum Kochen bringen, dann alles offen bei schwacher Hitze etwa 20 Minuten vor sich hin köcheln lassen.

2 In der Zeit schon mal Gemüse waschen oder schälen und putzen und in kleine Würfel schneiden. Den Thymian abbrausen.

3 Ein Sieb mit einem Tuch auslegen und über eine große Schüssel hängen. Fischfond da hineingießen und alles gut abtropfen lassen, die Gräten aber nicht ausdrücken.

4 Den Fond wieder in den Topf schütten, Gemüse, Thymian, Lorbeerblätter und die Pfefferkörner dazugeben, erhitzen. Fond offen bei mittlerer Hitze etwa 30 Minuten köcheln lassen, bis ungefähr 1 l übrig ist. Nochmals durchs Sieb gießen, diesmal ohne Tuch. Fond mit Salz abschmecken.

5 Den Fond, den man gleich braucht, abmessen, den übrigen Fond in kleinere Behälter füllen und tiefgefrieren. Idealer Vorrat für Saucen und Suppen!

So viel Zeit muss sein: 20 Minuten
(+ 50 Minuten Kochzeit)
Kalorien pro Portion: 430

Variante:

Garnelenfond

250 g Garnelenschalen (beim Fischhändler danach fragen oder angesammelte Garnelenschalen vom Selberpulen nehmen) waschen. 1 Stück Bio-Zitronen- oder -Limettenschale grob zerkleinern. Garnelenschalen und Zitrusschale in 1 EL Öl anrösten. 1 l Wasser mit 1 TL Koriandersamen und 2 getrockneten Shiitake-Pilzen dazugeben und 20 Minuten köcheln lassen. Sieben und mit Salz und Pfeffer oder Cayennepfeffer abschmecken.

Bouillabaisse

Diese Franzosen ...

Reicht für 4 zum Sattessen oder
für 6, wenn es schon eine Vorspeise gab:

1 Zwiebel
4 Knoblauchzehen
1 Stück Chilischote
1 Stange Lauch
1 Fenchelknolle
2 Stangen Staudensellerie
500 g Tomaten
4 EL Olivenöl
1 TL Fenchelsamen
1 l Fischfond
4 EL Pernod (nach Belieben, ein anderer Anisschnaps geht aber auch)
4 Zweige Thymian
1 Döschen Safranfäden oder -pulver (0,1 g)
Salz, Pfeffer aus der Mühle
800 g gemischte Fischfilets (Rotbarben mit Haut sowie Wolfsbarsch, Seeteufel, Steinbeißer ohne Haut)
1–2 EL Zitronensaft

1 Zwiebel und Knoblauch schälen und mit dem Chilistück fein hacken. Vom Lauch das Wurzelbüschel und die dunkelgrünen Teile abschneiden. Den Lauch längs aufschlitzen und gründlich waschen, auch zwischen den Blättern. Dann Lauch in Streifen schneiden. Fenchel und Sellerie waschen, putzen und in feine Scheiben schneiden. Die Stielansätze der Tomaten herausschneiden. Die Tomaten kochend heiß überbrühen, häuten, würfeln.

2 Öl in einem großen Topf warm werden lassen. Zwiebel, Knoblauch, Chili, Lauch, Fenchel und Sellerie mit Fenchelsamen einrühren und bei starker Hitze 2–3 Minuten anbraten. Immer gut rühren!

3 Fond in den Topf schütten, Tomaten untermischen und den Pernod, wer mag. Thymian waschen und einlegen, Safran dazugeben (Fäden vorher mit den Fingern zerkrümeln). Suppe salzen, pfeffern und bei mittlerer Hitze offen etwa 15 Minuten köcheln lassen.

4 Zeit für die Fische: Gräten entfernen. Die Fischfilets nach weicheren und festeren Sorten getrennt in mundgerechte Stücke schneiden. Mit Zitronensaft mischen. Die Hitze klein stellen und erst die festeren Filetstücke in die Suppe legen und 3–4 Minuten ziehen lassen. Dann die übrigen auch einlegen und noch mal 3–4 Minuten abwarten. Jetzt kann es aber losgehen: Bouillabaisse in tiefen vorgewärmten Tellern reichen.

So viel Zeit muss sein: 1 Stunde
Das schmeckt dazu: geröstete Weißbrotscheiben und Knoblauchmayonnaise
Kalorien pro Portion (bei 6 Portionen): 265

Auch gut:

Ein paar Muscheln mitgaren oder ein paar geschälte gegarte Garnelen in der Suppe mit erwärmen.

Variante:

Passierte Fischsuppe mit Rouille

Die Suppe wie beschrieben zubereiten, dabei aber die Gemüsemenge (außer bei den Tomaten) halbieren. Nach dem Garen fein pürieren (Küchenmaschine), mit 2 EL Tomatenmark mischen und abschmecken. Für die Rouille 1 Scheibe altbackenes Weißbrot in Fischfond einweichen. 4 Knoblauchzehen schälen und durchpressen, 100 g gehäutete Paprikaschoten (selber gemacht oder aus dem Glas) hacken. Brot ausdrücken und mit Knoblauch, Paprika, 2 zerkrümelten getrockneten Chilis, 1 ganz frischen Eigelb und 150 ml Olivenöl im Mixer ganz fein zerkleinern. Mit Salz würzen. Kleine dünne Brotscheiben rösten, mit der Rouille bestreichen und zur Suppe essen. In Frankreich gibt's dazu oft auch geriebenen Käse, aber das ist Geschmackssache.

Fischsuppe süßsauer

Was Asiaten Gutes einfällt

Reicht für 4 als Einstieg:

50 g Glasnudeln, 2 Tomaten
1 Stück Salatgurke (etwa 100 g)
50 g Sojabohnensprossen
1 Bund Frühlingszwiebeln
2 rote Chilischoten, 2 Scheiben
Ananas + 2 EL Saft (aus der Dose)
1/4 Bund Koriander
300 g Fischfilet (z. B. Seelachs, Rotbarsch oder Heilbutt)
1 EL Zitronensaft
1/2 l Fischfond (Hühnerbrühe geht auch)
2 EL heller Reisessig
1/2 EL Zucker, Salz

1 Die Glasnudeln in eine Schüssel legen, lauwarmes Wasser darüber schütten und die Nudeln 10 Minuten stehen lassen. In der Zeit die Stielansätze aus den Tomaten rausschneiden. Tomaten mit kochendem Wasser überbrühen, kurz ziehen lassen. In ein Sieb abgießen, mit kaltem Wasser überbrausen. Die Tomaten häuten und in Achtel schneiden.

2 Gurke schälen, längs durchschneiden und die Kerne rauskratzen. Gurke in dünne Scheiben schneiden. Sprossen abbrausen und abtropfen lassen. Die Frühlingszwiebeln putzen, waschen und in etwa 4 cm lange Stücke schneiden, die Stücke längs in Viertel teilen. Chilischoten waschen, entstielen und in dünne Ringe schneiden. Ananasscheiben in kleine Stücke teilen. Koriander abbrausen und trockenschütteln, Blättchen abzupfen.

3 Das Fischfilet in ungefähr 1 cm große Stücke schneiden und mit dem Zitronensaft mischen. Fischfond mit 1/4 l Wasser, Essig, Zucker und den Chilis zum Kochen bringen. Frühlingszwiebeln und Sprossen 1 Minute darin kochen lassen. Gurke und Tomaten dazugeben, 1 Minute mitgaren.

4 Nudeln abtropfen lassen und mit der Küchenschere in essbare Stücke schneiden. Mit Fisch, Ananas und -saft unter die Suppe mischen, 2 Minuten ziehen lassen (nicht kochen!). Salzen, mit Koriander bestreuen.

So viel Zeit muss sein: 20 Minuten
Kalorien pro Portion: 375

Auch gut:

Fisch durch kleine geschälte rohe Garnelen ersetzen, statt der Glasnudeln auch mal japanische Buchweizennudeln (extra garen und zum Schluss in die Suppe rühren) und Bambus- statt Sojabohnensprossen nehmen.

Paprika-Kohl-Suppe mit Fisch

Wie die Ungarn Fisch schwimmen lassen

Reicht für 4 als kleines Essen:

1 rote Paprikaschote
1/4 Weiß- oder Spitzkohl (etwa 250 g, auch fein: Sauerkraut)
1 Zwiebel
2 Knoblauchzehen
2 EL Butter
je 1 TL edelsüßes und rosenscharfes Paprikapulver
1 TL Kümmelsamen (nach Belieben)
800 ml Gemüsebrühe
2 TL Tomatenmark
Salz, Pfeffer aus der Mühle
400 g Fischfilet (z. B. Lachs, Zander oder Waller)
1 EL Zitronensaft
100 g saure Sahne
1/2 Bund Schnittlauch

1 Die Paprikaschote halbieren, Stiel, Trennhäutchen und Kerne rauszupfen, die Paprika waschen. Kohlviertel waschen, den Strunk schräg abschneiden. Kohl und Paprika in feine Streifen schneiden. Zwiebel und Knoblauch schälen und klein würfeln.

2 Butter im Suppentopf zerlaufen lassen, Zwiebel und Knoblauch einrühren und bei mittlerer Hitze glasig dünsten. Mit Paprikapulver bestäuben, kurz weiterrühren und -dünsten. Wer mag, mischt jetzt auch den Kümmel dazu. Dann kommt das Gemüse in den Topf. Alles durchrühren.

3 Brühe angießen und mit Tomatenmark, Salz und Pfeffer würzen. Den Deckel auflegen und die Suppe 2 Minuten köcheln lassen, bis das Gemüse bissfest ist.

4 Zeit für das Fischfilet: 1 cm groß würfeln und mit Zitronensaft mischen. Saure Sahne zur Suppe löffeln und kräftig unterrühren, Fisch einlegen und bei schwacher Hitze 2 Minuten ziehen lassen. Nicht mehr kochen! Schnittlauch abbrausen, trockenschütteln und mit der Küchenschere in Röllchen in die Suppe schneiden.

So viel Zeit muss sein: 25 Minuten
Das schmeckt dazu: Bauernbrot
Kalorien pro Portion: 150

Fisch-Krabben-Ragout

Könnte ein Nordsee-Klassiker werden

Reicht für 4:

1 Salatgurke
2 Schalotten
1 Bund Dill
600 g Fischfilet (z. B. Steinbeißer, Kabeljau oder Rotbarsch)
2 EL Weißweinessig
2 EL Butter
1/8 l Fischfond
Salz, Pfeffer aus der Mühle
125 g Crème fraîche
100 g gepulte Nordseekrabben
1/2 TL edelsüßes Paprikapulver

1 Die Gurke schälen und der Länge nach in Viertel schneiden. Die Kerne aus der Mitte mit einem Teelöffel herauskratzen. Gurkenviertel in knapp 1 cm breite Stücke schneiden. Die Schalotten schälen und ganz klein würfeln. Dill abbrausen und trockenschütteln, Spitzen abzupfen und weglegen. Die ganz groben Stängel aussortieren, die übrigen fein schneiden.

2 Das Fischfilet in mundgerechte Würfel schneiden und mit 1 EL Essig mischen. Die Butter in einem größeren Topf schmelzen lassen. Die Schalotten darin bei starker Hitze mit den gehackten Dillstängeln andünsten. Gurkenstücke dazu und 1–2 Minuten weiterdünsten. Mit dem Fischfond aufgießen, die Fischwürfel salzen, pfeffern und auf die Gurkenstücke legen. Deckel auflegen, Hitze auf mittlere Stufe schalten und den Fisch in etwa 6 Minuten gar ziehen lassen.

3 Die Dillspitzen fein hacken. Die Crème fraîche mit den Krabben in den Topf löffeln und alles vorsichtig mischen. Mit übrigem Essig, Salz und Paprika abschmecken und vor dem Servieren den Dill aufstreuen.

So viel Zeit muss sein: 40 Minuten
Das schmeckt dazu: Reis oder Salzkartoffeln
Kalorien pro Portion: 285

Fischklößchen in Spinatsahne

Wichtig: alles gut kühlen!

Reicht für 4 Saucenfans:

500 g Fischfilet (z. B. Saibling, Lachsforelle oder Zander)
50 g Weiß- oder Toastbrot (ohne Rinde)
1/8 l Milch, 1/2 Bio-Zitrone
1 Eiweiß (Größe M), 250 g Sahne
Salz, frisch geriebene Muskatnuss
1 Bund Frühlingszwiebeln
1 EL Butter
250 g gehackter TK-Spinat
1/8 l trockener Weißwein (sehr fein: Prosecco)
1/8 l Fischfond
Salz, Pfeffer aus der Mühle
1 kleine Prise gemahlener Anis

1 Gräten aus dem Fischfilet zupfen, Filet klein würfeln und kühl stellen. Das Brot klein schneiden, mit der Milch mischen und ebenfalls kühl stellen. Zitrone heiß waschen und die Schale fein abreiben, Saft auspressen und mit etwas Schale für die Sauce wegstellen.

2 Fisch mit Brot, Eiweiß und 125 g Sahne im Mixer oder in der Küchenmaschine etwa 1 Minute lang fein zerkleinern. Mit Zitronenschale, Salz und Muskat kräftig würzen. Die Masse wieder kühl stellen. Frühlingszwiebeln putzen, waschen, in feine Ringe schneiden.

3 Für die Klößchen reichlich Wasser aufkochen und salzen. Mit zwei Teelöffeln Klößchen von der Fischmasse abstechen und ins leise kochende Wasser gleiten lassen. Hitze auf schwache Stufe stellen, das Wasser soll nur leise blubbern. Die Klößchen im offenen Topf etwa 8 Minuten sanft ziehen lassen.

4 Gleichzeitig Butter im Topf schmelzen. Zwiebelringe kurz andünsten, gefrorenen Spinat untermischen. Mit Wein und Fond aufgießen und aufkochen lassen. Offen etwa 5 Minuten bei mittlerer Hitze köcheln lassen, dann restliche Sahne untermischen. Sauce mit Salz, Pfeffer, Anis und 1–2 TL Zitronensaft und übriger Zitronenschale würzen. Die Klößchen mit dem Schaumlöffel aus dem Wasser fischen und in die Sauce legen.

So viel Zeit muss sein: 45 Minuten
Das schmeckt dazu: Reis
Kalorien pro Portion: 405

Auch gut:

Statt Spinat je 2 große Bund Brunnenkresse oder Borretsch nehmen (einen Teil fein gehackt erst unter die fertige Sauce rühren).

Fischtopf mit Chorizo

Haben sich die Katalanen ausgedacht – gut so!

Reicht für 4 mit Hunger:

500 g Venusmuscheln
1/4 l Fischfond
500 g Fischfilet (z. B. Seelachs, Kabeljau, Steinbeißer oder Seehecht)
1 EL Zitronensaft
Salz, Pfeffer aus der Mühle
150 g Chorizo (spanische Paprikawurst)
1 Zwiebel, 4 Knoblauchzehen
je 1 rote und grüne Paprikaschote
4 EL Olivenöl
150 g TK-Erbsen
1/4 Bund Minze (ersatzweise 1/2 Bund Petersilie)
1 EL Sherryessig

1 Die Muscheln waschen, alle geöffneten wegwerfen. Fischfond im Topf aufkochen, Muscheln hineingeben, Deckel auflegen und die Muscheln 3 Minuten kochen. Dann aus dem Sud fischen, jetzt alle geschlossenen

Exemplare wegwerfen. Den Sud durch eine Kaffeefiltertüte gießen (die Muscheln verlieren beim Kochen noch ein bisschen Sand).

2 Das Fischfilet in mundgerechte Stücke schneiden, mit dem Zitronensaft mischen und mit Salz und Pfeffer bestreuen.

3 Von der Wurst die Haut abziehen, die Wurst in dünne Scheiben schneiden. Die Zwiebel und den Knoblauch schälen, fein würfeln. Die Paprikaschoten halbieren, Stiele und Trennhäutchen herauszupfen. Paprikaschoten waschen und in Streifen schneiden.

4 Das Öl in einer Pfanne oder in einem Topf erhitzen. Chorizo mit Zwiebel, Knoblauch, Paprika und Erbsen darin unter Rühren etwa 4 Minuten bei starker Hitze braten. Den Sud dazugießen, salzen und pfeffern. Fischwürfel auf die Gemüsemischung legen, Hitze auf mittlere Stufe schalten und den Deckel auflegen. Etwa 3 Minuten garen, dann Muscheln auf den Fisch geben und noch einmal etwa 2 Minuten garen, bis sie heiß sind.

5 Die Minze waschen, trockenschütteln und fein hacken. Fisch und Muscheln vorsichtig mit dem Gemüse mischen. Mit Salz, Pfeffer und dem Essig abschmecken und vor dem Servieren die Minze aufstreuen.

So viel Zeit muss sein: 35 Minuten
Das schmeckt dazu: knuspriges Weißbrot
Kalorien pro Portion: 425

Kokos-Fisch

Scharfer Genuss aus einem Topf

Reicht für 4 Kokosfans:

je 1 gehäufter TL Fenchel-, Koriander- und Kreuzkümmelsamen, schwarze Pfefferkörner
3 getrocknete Chilischoten
1 kleine Aubergine
1 Zucchino
250 g Cocktailtomaten
1 Zwiebel
600 g festfleischiges Fischfilet (z. B. Rotbarsch, Pangasius, Brasse, Seeteufel oder Steinbeißer)
2 EL Öl, 300 ml Kokosmilch
200 ml Fischfond (ersatzweise Gemüsebrühe)
Salz, 1 Prise Zucker
3 EL Limettensaft
1/2 Bund Koriander

1 Die Gewürze in einem Pfännchen bei mittlerer Hitze rösten, bis sie schön würzig duften. In den Mörser umfüllen und mit den Chilischoten fein zerstoßen.

2 Das Gemüse waschen, Aubergine und Zucchino von den Enden befreien und klein würfeln. Kleine Tomaten ganz lassen, größere einmal durchschneiden. Die Zwiebel schälen, halbieren und in Streifen schneiden – ungefähr 1/2 cm dick. Das Fischfilet in mundgerechte Stücke schneiden.

3 Das Öl in einer Pfanne oder einem weiten Topf heiß werden lassen. Zwiebel mit Aubergine und Zucchino einrühren, 2–3 Minuten bei starker Hitze unter Rühren braten. Die Gewürze dazugeben und gut unterrühren.

4 Jetzt kommen die Kokosmilch und der Fond dazu. Alles mit Salz, Zucker und dem Limettensaft würzen. Hitze auf mittlere Stufe schalten, Deckel auflegen und das Gemüse um die 5 Minuten schmurgeln lassen.

5 Tomaten untermischen, Fisch auf das Gemüse legen und die Pfanne wieder zudecken. Alles noch einmal 3–4 Minuten ziehen lassen. In der Zeit den Koriander abbrausen, trockenschütteln und die Blättchen abzupfen. Fisch vorsichtig mit dem Gemüse mischen, den Koriander vor dem Servieren aufstreuen.

So viel Zeit muss sein: 30 Minuten
Das schmeckt dazu: Basmati-Reis oder japanische Buchweizennudeln
Kalorien pro Portion: 340

Fischfondue

Da zählt das Extra

Reicht für 4 mit Zeit zum Essen:

1 kg gemischte Fischfilets (gut schmecken Tunfisch und Schwertfisch, Lachs und Dorade, Wolfsbarsch und Rotbarben, aber auch Rotbarsch, Scholle und Kabeljau)

2 EL Zitronensaft (von der Zitrone bei der Zitronen-Kapern-Sauce)

500 g Gemüse (z. B. schmecken junge Spinatblätter, Pilze, Paprikaschoten, Spargelspitzen, Zuckerschoten und kleine Möhrchen besonders gut)

1 l Fischfond, 1/4 l trockener Weißwein (oder noch mehr Fischfond)

1 TL Pfefferkörner

2 Lorbeerblätter

Für die Zitronen-Kapern-Sauce:

1 Bio-Zitrone, 1/2 Bund Petersilie

2 EL Kapern, 200 g saure Sahne

100 g Crème fraîche

Salz, Pfeffer aus der Mühle

Für die Fenchel-Nuss-Butter:

1/2 kleine Fenchelknolle (mit viel Grün)

2 TL Fenchelsamen, 1 Knoblauchzehe

2 EL Pinienkerne, 125 g weiche Butter

1 EL Pastis (kann man auch weglassen)

Salz, Pfeffer aus der Mühle

Für die Sardellen-Mayonnaise:

2 ganz frische Eigelbe (Größe M)

3 TL Sardellenpaste (aus der Tube)

1 TL scharfer Senf

1 Msp. Harissa oder Sambal oelek (Chilipaste, arabisch oder asiatisch)

1/8 l Olivenöl

2 TL Zitronensaft (von der Zitrone bei der Zitronen-Kapern-Sauce)

Salz

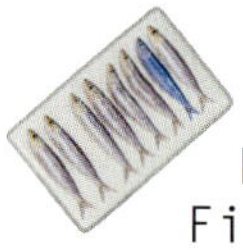

Basic Tipp

Die Brühe im Topf ist nach dem Garen von Fisch und Gemüse superlecker. Also nicht wegschütten, sondern schlürfen! Wer es wie die Asiaten machen will, erwärmt ein paar eingeweichte Glasnudeln in der Brühe und isst das zum Abschluss des gemütlichen Abends.

1 Die Fischfilets entgräten und in 1–2 cm große Würfel oder mundgerechte Rechtecke schneiden. Mit dem Zitronensaft beträufeln und in den Kühlschrank stellen.

2 Das Gemüse waschen oder schälen und putzen: Spinatblätter ganz lassen. Pilze je nach Größe ganz lassen, halbieren oder vierteln. Die Paprikaschoten in feine Streifen schneiden, Spargelspitzen, Zuckerschoten und Möhren ganz lassen.

3 Dann erst mal um die Extras kümmern. Für die Sauce die Zitrone heiß waschen und die Hälfte der Schale dünn abschneiden und ganz fein hacken. Den Saft auspressen (2 EL für den Fisch und 2 TL für die Mayonnaise nehmen). Petersilie abbrausen und trockenschütteln, die Blättchen mit den Kapern ganz fein schneiden. Saure Sahne mit Crème fraîche verrühren. Zitronenschale und Petersilienmischung unterrühren. Etwa 1 EL Zitronensaft dazumischen und die Sauce mit Salz und Pfeffer würzen.

4 Für die Butter den Fenchel waschen und alle welken Stellen und den Strunk herausschneiden. Den Fenchel mit dem Grün schön fein hacken (geht besonders einfach, gut und schnell im Blitzhacker oder Zwiebelhacker). Fenchelsamen im Pfännchen anrösten, in den Mörser schütten und andrücken. Knoblauch schälen und durch die Presse drücken. Die Pinienkerne auch im Pfännchen erhitzen und goldgelb werden lassen, dann fein hacken. Die Butter mit dem Pastis mit einer Gabel vermengen. Fenchel, Fenchelsamen, Knoblauch und Pinienkerne untermischen. Die Butter mit Salz und Pfeffer abschmecken.

5 Für die Mayonnaise die Eigelbe mit der Sardellenpaste, dem Senf und der Chilipaste mit den Quirlen vom Handrührer fein aufschlagen. Öl am Anfang Tropfen für Tropfen unterrühren. Wenn das Ganze schön cremig und sämig wird, mutiger werden und aus den Tropfen einen dünnen Strahl werden lassen. Die Mayonnaise mit Zitronensaft und Salz abschmecken.

6 Und jetzt kann es losgehen. Den Fischfond mit dem Wein, den Pfefferkörnern und den Lorbeerblättern auf dem Herd heiß werden lassen. Dann in den Fonduetopf umschütten und auf das Rechaud stellen. (Gut geht auch ein Feuertopf.) Das Fischfilet und das Gemüse auf Platten verteilen und mit den Extras auf den Tisch stellen.

7 Filet und Gemüse aufspießen oder in kleine Drahtsiebchen legen und in der heißen Flüssigkeit garen. Mit der Sauce, der Butter und der Mayonnaise essen.

So viel Zeit muss sein: 1 Stunde
Das schmeckt dazu: ganz viel ofenfrisches knuspriges Brot, am besten ein paar verschiedene Sorten
Kalorien pro Portion: 1300

Auch gut:

Garnelen und Tintenfischchen mitgaren. Saucen auch mal asiatisch anhauchen: Mango-Chutney mit saurer Sahne verrühren, mit fein gehacktem frischem Ingwer und Harissa abschmecken; Erdnusscreme mit Kokosmilch cremig rühren und mit Sojasauce abschmecken, Sojasauce mit geriebenem frischem Ingwer, fein gehackten Chilis und Limettensaft verrühren.

Fischpflanzerl
Alternative zum Hack

Reicht für 4:

200 g Kartoffeln (vorwiegend fest kochende Sorte)

400 g frisches oder gegartes Fischfilet (z. B. Lachs, Seelachs oder Rotbarsch – eigentlich geht jedes)

1 Bund Frühlingszwiebeln, 1 Bio-Zitrone

je 1/2 Bund Dill und Petersilie

50 g Semmelbrösel, 1 Ei (Größe L)

Salz, Pfeffer aus der Mühle

1/2 TL englisches Senfpulver (gibt's in Gewürzläden oder in sehr gut sortierten Supermärkten im Gewürzregal)

2 EL Butter, 1 EL Öl

1 Kartoffeln waschen und in der Schale in Wasser in etwa 25 Minuten weich kochen. Abgießen und so weit abkühlen lassen, dass man sie anfassen kann. Inzwischen den Fisch ganz fein würfeln. Von den Frühlingszwiebeln Wurzelbüschel und welke grüne Teile abschneiden. Die Zwiebeln waschen und fein schneiden. Zitrone heiß waschen, die Schale dünn abschneiden und fein hacken. Kräuter abbrausen, trockenschütteln, fein hacken.

2 Die Kartoffeln pellen und mit einer Gabel fein zerdrücken. Mit Fischfleisch, Zwiebeln, Zitronenschale und Kräutern in eine Schüssel füllen. Semmelbrösel aufstreuen, das Ei dazugeben. Alles mit Salz, Pfeffer und dem Senfpulver würzen und gründlich, aber nicht zu lang verkneten. Zu zwölf kleinen Küchlein formen.

3 In einer großen Pfanne die Butter mit Öl erhitzen. Küchlein einlegen und bei mittlerer Hitze etwa 5 Minuten braten. Umdrehen und noch einmal so lang braten. Fertig!

So viel Zeit muss sein: 45 Minuten
Das schmeckt dazu: Brot, gemischter Salat
Kalorien pro Portion: 235

Variante:

Fischburger

1 hart gekochtes Ei in Eiweiß und Eigelb trennen. Eiweiß hacken. Eigelb mit einer Gabel mit 2 TL scharfem Senf zerdrücken, 100 g saure Sahne unterrühren. 1 kleine rote Zwiebel schälen und mit 1 Gewürzgurke fein würfeln. Mit den Eiweißwürfeln und 1 EL gehackter Petersilie unterrühren und mit Salz und Pfeffer abschmecken. 4 Brötchen aufschneiden und mit Salatblättern und Tomatenscheiben belegen. Fischmasse zu vier flacheren Küchlein formen, braten, auf die Brötchen setzen und mit der Sauce beträufeln. Obere Brötchenhälften auflegen.

Fischgröstl
Vom Fischer statt vom Bauern

Reicht für 2 zum Sattessen:

350 g Pellkartoffeln (vom Vortag)

100 g Austernpilze

3 Frühlingszwiebeln

250 g festfleischiges Fischfilet (z. B. Pangasius oder Heilbutt)

1 EL Zitronensaft

1 kleines Bund Schnittlauch

1 1/2 EL Butter

Salz, Pfeffer aus der Mühle

wer mag: 1 Prise gemahlener Kümmel

1/2 EL kleine Kapern

1 EL scharfer Senf

50 g saure Sahne

1 Die Kartoffeln pellen und in Scheiben schneiden. Küchenpapier leicht anfeuchten und die Pilzhüte damit abreiben, Stiele abschneiden. Hüte in breite Streifen schneiden. Von den Frühlingszwiebeln Wurzelbüschel und dunkelgrüne Teile abschneiden, die Zwiebeln waschen und in 2–3 cm lange Stücke schneiden.

2 Das Fischfilet in mundgerechte Stücke schneiden und mit Zitronensaft mischen. Schnittlauch abbrausen, trockenschütteln und in feine Röllchen schneiden.

3 Die Hälfte der Butter in einer großen Pfanne zerlassen. Kartoffeln einrühren und ein paar Minuten bei mittlerer Hitze braten, bis sie bräunen. Pilze und Zwiebeln dazugeben, noch weitere 2–3 Minuten braten. Häufig umrühren.

4 Kartoffeln mit Salz, Pfeffer und eventuell Kümmel würzen, Kapern untermischen. Die Kartoffeln an den Pfannenrand schieben. Restliche Butter in der Pfanne schmelzen, den Fisch darin 2–3 Minuten braten, dabei vorsichtig wenden.

5 Schnittlauch mit Senf und saurer Sahne mischen. Mit den Kartoffeln und dem Fisch mischen, abschmecken und gleich essen.

So viel Zeit muss sein: 20 Minuten
Das schmeckt dazu: Gurkensalat mit Dill oder Kopfsalat
Kalorien pro Portion: 235

Tipp:

Natürlich kann man das Gröstl auch für 4 machen. Die doppelte Zutatenmenge passt aber nicht in eine Pfanne. Also: in zwei Pfannen gleichzeitig braten oder die Portionen nacheinander zubereiten.

Fischbällchen mit Tomaten-Salsa

Vom Tapas-Spanier

Reicht für 4:

600 g Fischfilet (z. B. Rotbarsch oder Seelachs)

3–4 Frühlingszwiebeln (je nach Größe)

6 Knoblauchzehen, 1 rote Chilischote

1 Bund Petersilie, 50 g Semmelbrösel

2 Eier (Größe M), Salz

1 Prise gemahlener Koriander

1 Bio-Limette, 500 g Tomaten

je 1/2 Bund Minze und frischer Koriander

2 EL Olivenöl

1/2 TL edelsüßes Paprikapulver

1 Prise Zucker

Öl oder Frittierfett zum Ausbacken

1 Die Gräten aus dem Fischfleisch entfernen, das Filet mit einem großen schweren Messer schön fein hacken.

2 Von den Frühlingszwiebeln Wurzelbüschel und welke grüne Teile abschneiden. Zwiebeln waschen und fein hacken. 4 Knoblauchzehen schälen und klein würfeln. Chilischote waschen, den Stiel abschneiden. Schote mit den Kernen ganz fein zerkleinern. Petersilie abbrausen und trockenschütteln, fein hacken.

3 Fischfleisch mit Zwiebeln, Knoblauch, Chili, Petersilie, Semmelbröseln und Eiern in eine Schüssel geben. Mit Salz und gemahlenem Koriander würzen und kräftig durchkneten. Mit den Händen zu kleinen Bällchen (etwa Tischtennisballgröße) formen.

4 Für die Salsa die Limette heiß waschen und die Schale fein abreiben. Die weiße Haut von der Limette gründlich abschneiden, das Limettenfleisch fein hacken. Die Tomaten waschen und ebenfalls ganz fein schneiden, dabei die Stielansätze entfernen. Kräuter abbrausen, trockenschütteln und fein hacken. Den übrigen Knoblauch schälen und durchpressen. Alles mit dem Olivenöl mischen und mit Salz, Paprika und Zucker abschmecken.

5 Das Frittieröl oder -fett in einem weiten Topf erhitzen. Die Bällchen darin portionsweise etwa 4 Minuten frittieren, dabei immer wieder durchrühren. Mit einem Schaumlöffel aus dem Fett fischen und auf einer dicken Lage Küchenpapier abfetten lassen. Wenn alle Bällchen frittiert sind, mit Salsa essen.

So viel Zeit muss sein: 1 Stunde
Das schmeckt dazu: Fladenbrot
Kalorien pro Portion: 310

Fisch-Pie

Very british

Reicht für 4 zum Sattessen:

800 g Kartoffeln (mehlig kochende Sorte)

1 Stange Lauch, 2 Knoblauchzehen

100 g Champignons, 80 g Butter

30 g Mehl, 1/2 l Milch

Salz, Pfeffer aus der Mühle

frisch geriebene Muskatnuss

600 g frisches Fischfilet (z. B. Heilbutt, Rotbarsch oder Seelachs)

100 g geräucherter Fisch (z. B. Forellenfilet, Makrelenfilet oder Schillerlocken)

1 kleines Bund Petersilie

1 Hand voll Kerbel, 1/2 Bio-Zitrone

100 g Crème fraîche, 1 Ei (Größe M)

1 Die Kartoffeln waschen und in der Schale in Wasser in etwa 25 Minuten weich, aber nicht zu weich kochen. Abgießen und lauwarm abkühlen lassen.

2 Inzwischen den Lauch putzen, längs aufschlitzen und gut waschen, dann in feine Streifen schneiden. Knoblauch schälen und klein würfeln. Die Pilze putzen und in dünne Scheiben schneiden.

3 Die Hälfte der Butter in einer Pfanne zerlassen. Lauch, Knoblauch und Pilze einrühren und 1–2 Minuten bei starker Hitze anbraten. Mit Mehl bestäuben, kurz weiterbraten. Die Milch nach und nach unter ständigem Rühren angießen. Die Sauce offen bei mittlerer Hitze etwa 10 Minuten vor sich hin köcheln lassen. Mit Salz, Pfeffer und Muskat würzen.

4 Frischen Fisch in kleine Würfel schneiden. Den geräucherten Fisch ebenfalls fein zerkleinern. Petersilie und Kerbel waschen, trockenschütteln und fein hacken. Zitrone heiß waschen und die Schale fein abreiben.

5 Den Backofen auf 200 Grad vorheizen (ohne Vorheizen: Umluft 180 Grad). Die Kartoffeln pellen und fein zerdrücken. Übrige Butter, Crème fraîche und Ei unterrühren, Kartoffelmasse salzen und pfeffern.

6 Die beiden Fischsorten mit Pilzsauce, Kräutern und der Zitronenschale mischen und abschmecken. In eine ofenfeste Form füllen. Die Kartoffelmasse in kleinen Häufchen darauf verteilen. Einen großen Löffel mit Wasser anfeuchten und die Kartoffelmasse damit auf dem Fisch verstreichen. Fisch-Pie im Ofen (Mitte) etwa 40 Minuten backen, bis die Oberfläche schön braun ist.

So viel Zeit muss sein: 50 Minuten (+ 40 Minuten Backzeit)
Das schmeckt dazu: Blatt- oder Gurkensalat
Kalorien pro Portion: 585

Auch gut:

Die Kartoffeln weglassen und den Fisch in der Form stattdessen mit einer Schicht Blätterteig (2 TK-Blätterteigplatten ausrollen) abdecken. Nur etwa 25 Minuten backen.

Fisch-Gratin mit Tomaten

Caprese zum Sattessen

Reicht für 4:

600 g Fischfilet (z. B. Rotbarsch, Scholle, Forelle oder Zander)

2 EL Zitronensaft

600 g Tomaten

1 großes Bund Basilikum

2 Kugeln Mozzarella (je 125 g)

Salz, Pfeffer aus der Mühle

4 EL Olivenöl

1 Den Backofen auf 220 Grad vorheizen (auch schon jetzt: Umluft 200 Grad). Den Fisch in mundgerechte Stücke schneiden und mit dem Zitronensaft mischen.

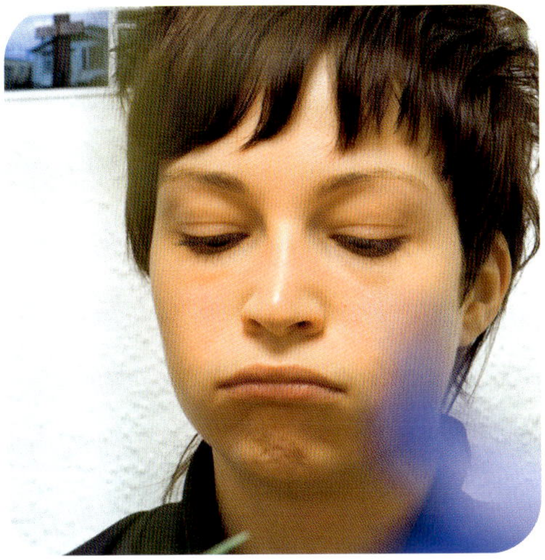

2 Tomaten waschen und in dünne Scheiben schneiden, dabei Stielansätze entfernen. Die Basilikumblättchen abzupfen und in Streifen schneiden, etwas davon für die Garnitur beiseite legen. Mozzarella in dünne Scheiben schneiden.

3 Eine ofenfeste Form lagenweise mit dem Fisch und den Tomaten füllen, mit Salz und Pfeffer würzen und mit Basilikum bestreuen. Mozzarella darauf verteilen, salzen, pfeffern und mit dem Öl beträufeln. Das Gratin im Ofen (Mitte) etwa 20 Minuten backen, bis der Käse zerlaufen und leicht gebräunt ist. Vor dem Servieren mit dem beiseite gelegten Basilikum garnieren.

So viel Zeit muss sein: 20 Minuten
(+ 20 Minuten Backzeit)
Das schmeckt dazu: knuspriges Weißbrot oder Reis
Kalorien pro Portion: 340

Variante:

Pilz-Fisch-Gratin

500 g Champignons in dickere Scheiben schneiden und mit dem Fisch einschichten. 125 g Mozzarella in Würfeln mit 50 g geriebenem Käse (z. B. Pecorino oder Emmentaler), 50 g Semmelbröseln und 1/2 Bund gehackter Petersilie mischen, würzen und auf dem Fisch verteilen. Mit ein paar Butterflöckchen belegen und wie beschrieben backen.

Fisch-Spinat-Gratin mit Couscoushaube

Fast wie im Orient

Reicht für 4 Hungrige:

100 g Instant-Couscous
800 g Spinat, Salz
1 Bund Frühlingszwiebeln
Pfeffer aus der Mühle
600 g Fischfilet (z. B. Rotbarsch, Scholle, Forelle oder Zander)
1 EL Zitronensaft
je 1/2 Bund Koriander und Petersilie
2 Knoblauchzehen
1 säuerlicher Apfel
2 EL Joghurt, 1 Ei (Größe M)
2 TL Ras-el-hanout (orientalische Gewürzmischung)
1/2 TL Chilipulver
2 EL Butter

1 Backofen auf 220 Grad vorheizen (auch schon jetzt: Umluft 200 Grad). Den Couscous mit 1/4 l warmem Wasser übergießen und quellen lassen, bis der Rest fertig ist.

2 Vom Spinat alle welken Blätter aussortieren, dicke Stiele abknipsen. Spinat gründlich waschen. In einem Topf Wasser aufkochen und salzen. Spinat hineinwerfen und zusammenfallen lassen. In ein Sieb abgießen, kalt abbrausen und abtropfen lassen. Von den Frühlingszwiebeln Wurzelbüschel und welke obere Teile abschneiden. Die Zwiebeln waschen und in feine Ringe schneiden. Mit dem Spinat mischen, mit Salz und Pfeffer würzen und in einer ofenfesten Form verteilen.

3 Das Fischfilet in mundgerechte Stücke schneiden, mit dem Zitronensaft beträufeln. Auf den Spinat legen und salzen. Kräuter abbrausen, trockenschütteln und fein hacken. Knoblauch schälen und durchpressen. Den Apfel vierteln, schälen und das Kerngehäuse rausschneiden. Den Apfel klein würfeln.

4 Den Couscous mit Apfel, Knoblauch, Kräutern, Joghurt und dem Ei mischen und mit Ras-el-hanout, Chilipulver und Salz kräftig würzen. Couscous auf dem Fisch verteilen. Butter in kleine Würfel schneiden und aufstreuen. Das Gratin im Ofen (Mitte) etwa 15 Minuten backen, bis die Oberfläche leicht gebräunt ist.

So viel Zeit muss sein: 35 Minuten
(+ 15 Minuten Backzeit)
Das schmeckt dazu: Tomaten-Zwiebel-Salat
Kalorien pro Portion: 310

Mit Reis &

Mit allem aus Salz- und Süßwasser.

Nudeln, Co.

Spaghetti, die voller Wonne in einem Sud aus Muscheln und Fenchel baden und sich gar nicht sattsaugen können an diesem Aroma; ein Risotto, das einen mit seinem Duft nach Urlaub betört; Meeresfrüchte, die in federleichtem Tempura-Teig über die Zunge tanzen und dabei von scharfer Wasabi-Mayonnaise begleitet werden ...

Vielleicht ist es möglich, keinen Fisch zu mögen. Aber Nudeln und Reis mit allem, was das Salz- und Süßwasser zu bieten hat, das kann keinen kalt lassen. Spaghetti vongole, Paella, Pizza Marinara – das sind doch Klassiker unter den Lieblingsessen. Und von denen ist es nur noch ein kleiner Schritt zu Fisch-Couscous, schwarzem Garnelen-Risotto und Quiche mit Fisch.

Tun wir ihn. Blättern wir um.

Luxus für alle

Pasta mit Kaviar-Pesto

Klingt gewagt? Es ist auch ein wenig geschummelt. Eigentlich ist das Pesto nur eine grüne Paste, in der Petersilie statt Basilikum, Schnittlauch statt Knoblauch, Butter statt Olivenöl und Kaviar statt Parmesan stecken. Nun klingt Pasta mit Kaviar-Paste aber nicht so toll, wie es schmeckt ...

Für 4 Esser je 1 Bund Petersilie und Schnittlauch waschen und trockenschütteln, fein schneiden. Mit 1 Spritzer Zitronensaft, etwas weißem Pfeffer, 125 g weicher Butter, 4 EL Kaviar mischen. Hübsch ist oranger Forellenkaviar, den schwarzen deutschen »Kaviar« aus optischen wie aromatischen Gründen lieber stehen lassen. Hat man aber Presskaviar zur Hand (Ausschuss vom echten dunklen Kaviar, billiger als dieser, aber nicht richtig billig), darf man auf die Optik pfeifen, denn er ist toll in diesem Gericht. Fürs Finish 500 g al dente gekochte feine Bandnudeln samt 1 Schluck Kochwasser mit dem Pesto mischen. Sofort essen!

Tante Ilse rät

Wie schlimm sind Fischkonserven?

Liebe Tante Ilse,
beim Fisch gibt es ja alles Mögliche in Dosen, Gläsern, Päckchen und Tüten? Manches schmeckt auch, aber sag mal, muss dieses Haltbarmachen denn sein?
Tina aus Unterhaching

Tante Ilse rät:
Zumindest musste es mal sein, weil früher sonst die Leute nur an Küste, See und Fluss ihren Fisch bekommen hätten (dem Rest fehlte es am Kühlschrank), und das auch nicht immer (wegen Sturm und Eis!) und nicht immer lecker (auch Fisch hat seine Saison). Deswegen haben sie viele Methoden erfunden, den empfindlichen Fisch lange haltbar zu machen: Trocknen und Räuchern (Stockfisch und Räucherlachs), Einsalzen und Einsäuern (Matjes und Rollmops), Vorgaren und Einlegen (Dosentunfisch und Brathering).

Heute ist das zwar nicht mehr nötig, und es macht auch kaum noch einer selbst, doch es ist wie bei Schinken, Marmelade oder Oliven – man will es weiter haben, weil es so toll schmeckt. Darum kümmern sich jetzt Geschäftsleute. Tun sie das mit Anstand und Hingabe sowie ohne viel Chemie, ergibt das echte Delikatessen. Erkennbar ist das an der Zutatenliste: je kürzer, verständlicher und nummernloser, desto besser. Auch am Preisschild: 150 g Räucherlachs für 1,99 Euro versprechen wenig Gutes. Und sogar am nahe liegendsten: am Geschmack und Aussehen. Ich sage nur: Lachsersatz. Genug geunkt, der meiste Konservenfisch ist nämlich in Ordnung. Vor allem beim Fischhändler, wenn der nicht nur Eimer aufmacht. Frag ihn einfach mal.

Fisch und ...

... Wasser?

Klar, es ist doch das Element des Fischs. Muss ja nicht immer Alkohol sein. Ob still, sprudelnd, mild oder salzig ist Geschmacksfrage. Süßes wie Limo und Fruchtsaft mag Fisch allerdings nicht sehr. O.k., ein echtes, also eher scharfes Ginger Ale zu Fish 'n' Chips oder Zitrussaft zu Tintenfisch aus dem Wok, das ist nicht schlecht. Apropos: In Asien trinkt man zum Essen gerne Tee. Der harmoniert gut mit Geräuchertem (man kann z. B. Lachs sogar mit Tee räuchern), Getrocknetem (z. B. getrocknete Asia-Garnelen zum Knabbern) oder Fleischig-Würzigem wie Muscheln, Krabben oder fetter Tunfisch. Zu feinem Frischfisch passt Tee nicht so gut – wegen des leicht bitteren Tons seiner Gerbstoffe, die mit dem zarten Fischgeschmack konkurrieren. Ansonsten die Teeblätter nur 2–3 Minuten ziehen lassen, so bleibt der Tee recht mild. Und: Fisch kombiniert mit Tee ist richtig gesund, weil beides Fluor enthält.

Unser liebster Fisch:

der Lachs

engl. salmon; franz. saumon; ital. salmone; dän. lax

+ weil sich so viel mit ihm machen lässt (siehe unten) + weil er immer noch richtig gut schmeckt, wenn er richtig gut aufgewachsen ist + weil es ihn wild und gezüchtet gibt + weil er damit unser drittliebster Frischfisch ist und unser viertliebster überhaupt

Das ist er:
+ bei uns fast immer Lachs aus dem Atlantik (daneben gibt es pazifische Arten) + Wanderer zwischen Süßwasser (hier wächst er auf und laicht später) und Salzwasser + wild (kann sehr gut schmecken und ist immer teuer, weil rar und gefährdet), gezüchtet (kann gut sein, aber auch Massenware) und bio (nur gut, wenn teuer) + der ganze Fisch, eine Seite, ein Filetstück (mit und ohne Haut), ein Kotelett + Räucherlachs, gebeizter Lachs, Lachskaviar

Da findet man ihn:
+ in der Pfanne und auf dem Grill (Filet mit oder ohne Haut, Kotelett), im Backofen (solo oder unter der Salzkruste), in Ragouts und Suppen (in Würfeln oder Streifen, als Klößchen) + in Sushi und Sashimi (roh und superfrisch), auf dem kalten Buffet (geräuchert oder gebeizt), in Pasteten und Mousse (fein püriert)

Das mag er:
+ Dill, Sauerampfer, Basilikum, Schnittlauch + Meersalz, Senf, Meerrettich, Wasabi (japanischer grüner Meerrettich aus der Tube), Honig, Zitrone, Sojasauce + Sahne, Weiß- und Rotwein, Sekt + Fenchel, Lauch, Salatgurken, Spinat, Blattsalat + Reis, Kartoffeln, Nudeln

Das ist nix:
+ beim Garen lange feine Gräten im Fleisch und Schuppen an der Haut + frischen Lachs kochen, dämpfen oder zu lange pochieren + Räucherlachs stark erhitzen + Lachsersatz (aus geschnetzeltem und rot gefärbtem Meerfisch)

Fischbrötchen Nr. 4

Reuben's Fish Sandwich

Reuben's Sandwich ist ein Klassiker in den Diners und Delis der USA. Über das richtige Fleisch und die passende Sauce lässt sich streiten, zwei Zutaten sind aber immer gleich: Graubrot und Sauerkraut, Standards in jüdischen Delikatess-Läden und -Lokalen. Damit machen wir nun ein Reuben's Sandwich mit Fisch. Das kann ein gegarter Rest oder ein extra gegartes Stück sein (ob gebraten, pochiert oder gedämpft, ist egal), sehr gut sind auch ein paar Scheiben Räucherlachs (ebenfalls Deli-Standard).

Zuerst mal die Sauce: 2 EL Mayonnaise mit 1 EL Ketchup und 1 TL Meerrettich (aus dem Glas) verrühren. Dann 2 Scheiben helles Sauerteigbrot jeweils auf einer Seite damit bestreichen. Nun auf die Saucenseite einer Brotscheibe den Fisch legen, darüber dann 2-3 EL gut abgetropftes Sauerkraut verteilen, darauf kommt 1 Scheibe Butterkäse. Die zweite Brotscheibe (die Mayo unten) darauf pressen. Nun in etwas Butter das Sandwich unter öfterem Pressen und einmaligem behutsamen Wenden 5-6 Minuten braten. Klingt wild, schmeckt toll.

Penne mit Tunfisch-Sugo

Einfach, würzig, gut

Reicht für 4:

2 rote Zwiebeln, 4 Knoblauchzehen
je 1 rote und grüne Paprikaschote
2 EL Olivenöl
100 ml Fischfond (auch fein: Weißwein, der nicht ganz trocken sein muss)
500 g Penne, Salz
1/2 Bund Basilikum (ersatzweise Petersilie)
2 Dosen Tunfisch (naturell im eigenen Saft oder in Öl, je 120 g Abtropfgewicht)
2–4 TL Harissa (scharfe Paprikapaste)
1 EL kleine Kapern
50 g Crème fraîche (nach Belieben)

1 Die Zwiebeln und den Knoblauch schälen und fein hacken. Die Paprika halbieren. Stiel, Trennhäutchen und Kerne abzupfen, Schoten waschen und würfeln.

2 Im Topf das Öl erhitzen, Zwiebeln, Knoblauch und Paprika darin andünsten. Mit dem Fond aufgießen und zugedeckt 5 Minuten bei schwacher Hitze dünsten.

3 Gleichzeitig für die Nudeln 5 l Wasser aufkochen und salzen. Nudeln reinschütten und nach Packungsangabe al dente kochen.

4 In der Zeit die Basilikumblätter von den Stängeln zupfen und fein hacken. Tunfisch abtropfen lassen und zerpflücken. Mit dem Basilikum, dem Harissa, den Kapern und eventuell Crème fraîche unter die Paprikasauce rühren, mit Salz abschmecken.

5 Die Nudeln abgießen und mit dem Sugo mischen. In vorgewärmten Tellern servieren.

So viel Zeit muss sein: 20 Minuten
Das schmeckt dazu: ein Blattsalat
Kalorien pro Portion: 650

Variante:

Sahne-Tunfisch

2 Zwiebeln, 4 Knoblauchzehen und 1 Möhre schälen. 1 Chilischote waschen und putzen. Alles klein würfeln und in 2 EL Olivenöl andünsten. Mit 100 ml Fischfond aufgießen. 1/2 Bund Basilikum fein schneiden und mit 100 g Crème fraîche pürieren. Mit 2 TL Zitronensaft, 2 TL scharfem Senf und dem Tunfisch unter die Gemüsemischung rühren. Mit den gekochten Nudeln vermengen.

Bandnudeln mit Safranfisch

Italienisches für festliche Stunden

Reicht für 4:

1 Döschen Safranfäden (0,1 g)

200 ml Fischfond (trockener Weißwein schmeckt auch sehr lecker)

500 g schmale Bandnudeln (z. B. Linguine oder Fettuccine)

Salz

1 Bio-Zitrone

4 Frühlingszwiebeln

2 Knoblauchzehen

350 g Fischfilet (z. B. Seelachs, Rotbarsch oder Scholle)

1 EL Butter

100 g TK-Erbsen

125 g Sahne

Pfeffer aus der Mühle

1 Die Safranfäden mit den Fingern leicht zerreiben, mit dem Fond mischen, kurz stehen lassen. Der Fond wird dabei schön gelb.

2 Für die Nudeln reichlich Wasser aufkochen und salzen. Nudeln reinschütten und nach Packungsangabe al dente kochen.

3 Schon in der Zeit, in der das Nudelwasser heiß wird, die Zitrone heiß waschen, Schale dünn abschneiden und in feine Streifen schneiden oder hacken. Und etwas Saft auspressen. Wurzelbüschel und welke Teile von den Frühlingszwiebeln abschneiden. Die Zwiebeln waschen, Grün in Ringe schneiden, den Rest hacken. Knoblauch schälen und fein hacken. Das Fischfilet eventuell entgräten, dann klein würfeln.

4 Butter in einem weiten Topf zerlassen. Knoblauch und Zwiebeln darin mit Erbsen und der Zitronenschale andünsten. Mit dem Safranfond ablöschen und aufkochen. Sahne untermischen, mit Salz, Pfeffer und etwas Zitronensaft abschmecken. Den Fisch nur einlegen und dann 1 Minute zugedeckt bei mittlerer Hitze ziehen lassen.

5 Nudeln abgießen und abtropfen lassen. Jetzt den Fisch vorsichtig unter die Sauce ziehen. Die Nudeln in tiefe Teller verteilen, die Sauce darüber löffeln und gleich essen. Aber bitte unbedingt ohne Käse!

So viel Zeit muss sein: 20 Minuten
Das schmeckt dazu: Blattsalat und Weißwein
Kalorien pro Portion: 580

Pasta mit Sardellen

Alles außer Petersilie im Vorrat haben ... und fix Überraschungsgästen servieren

Reicht für 4:

500 g Spaghetti

Salz

4–8 Knoblauchzehen (je nach Größe)

1 kleines Bund Petersilie

2 getrocknete Chilischoten

4 getrocknete Tomaten in Öl (kann man auch weglassen)

15–20 Sardellenfilets in Öl (je nach Größe)

1 EL Kapern

6 EL Olivenöl

1 Für die Nudeln reichlich Wasser aufkochen und salzen. Spaghetti einlegen und nach Packungsangabe al dente kochen.

2 Den Knoblauch schälen und fein hacken oder in ganz dünne Scheiben schneiden. Die Petersilie abbrausen und trockenschütteln, fein hacken. Chilischoten fein zerkrümeln. Die Tomaten und Sardellenfilets abtropfen lassen und klein würfeln. Die Kapern ebenfalls zerkleinern.

3 Ungefähr 3 Minuten bevor die Nudeln fertig werden, das Öl in einem Topf warm, aber nicht zu heiß werden lassen. Den Knoblauch und die Chilis einrühren und ungefähr 1 Minute dünsten. Der Knoblauch soll glasig aussehen, aber nicht braun werden, weil er sonst bitter schmeckt. Sardellen, Tomaten, Kapern und Petersilie untermischen und warm werden lassen. Vorsichtig mit Salz abschmecken. Die Nudeln abgießen, mit der Sardellensauce mischen, auf vorgewärmte Teller verteilen und auf den Tisch stellen.

So viel Zeit muss sein: 20 Minuten
Das schmeckt dazu: Blatt- oder Tomatensalat
Kalorien pro Portion: 710

Pasta mit Tomaten-Sahne-Lachs

Zum Verwöhnen

Reicht für 4:

4 Frühlingszwiebeln, 250 g Tomaten

300 g frischer Lachs, 50 g Räucherlachs

1/2 Bund Dill

500 g Spaghetti (Tagliatelle sind ebenfalls fein), Salz

1 EL Butter

4 EL Noilly Prat (trockener Weißwein oder Fischfond gehen auch)

150 g Crème fraîche

1 TL scharfer Senf

Pfeffer aus der Mühle

1 Von den Frühlingszwiebeln Wurzelbüschel und welke grüne Teile abschneiden. Zwiebeln waschen, in feine Ringe schneiden. Aus den Tomaten die Stielansätze herausschneiden. Tomaten in einer Schüssel mit kochendem Wasser begießen. Kurz ziehen lassen, abschrecken und die Haut abziehen. Tomaten klein würfeln. Frischen und geräucherten Lachs in kleine Stücke schneiden. Dill abbrausen, trockenschütteln und fein hacken.

2 Für die Nudeln reichlich Wasser zum Kochen bringen und salzen. Die Nudeln ins Wasser geben und nach Packungsangabe al dente kochen.

3 Wenn die Nudeln rund 2 Minuten im Wasser sind, die Butter in einem Topf zerlassen. Die Zwiebelringe in den Topf geben und etwa 1 Minute bei starker Hitze unter Rühren braten. Mit Noilly Prat ablöschen, die Tomaten untermischen. 1–2 Minuten weiterbraten, dann die Crème fraîche in den Topf rühren.

4 Die Tomatensahne mit dem Senf, Salz und Pfeffer abschmecken. Lachs und Dill unterrühren und alles bei schwacher Hitze etwa 1 Minute ziehen lassen. Umrühren und abschmecken. Nudeln abgießen, abtropfen lassen und in einer vorgewärmten Schüssel mit dem Tomaten-Sahne-Lachs mischen.

So viel Zeit muss sein: 20 Minuten
Das schmeckt dazu: Blattsalat mit Gurken
Kalorien pro Portion: 830

Auch gut:

Tomaten durch Spinat (gehackten TK-Blattspinat, bereits aufgetaut) ersetzen und die Sauce statt mit Dill mit gehackter Petersilie und etwas Chili würzen.

Spaghetti vongole

Italien grüßt Frankreich

Reicht für 4:

1 kg Venusmuscheln

2 zarte Fenchelknollen (mit Grün)

2 Knoblauchzehen

1 Stück Bio-Zitronenschale (1-2 cm lang)

4 EL Olivenöl

1 TL Fenchelsamen

500 g Spaghetti, Salz

50 ml Pastis (Anisschnaps)

5 Stängel Basilikum

1 Die Muscheln waschen, dabei alle, die sich nicht schließen, aussortieren und wegwerfen. Den Fenchel waschen, Stiele und braune Stellen abschneiden, zartes Grün aufheben. Den Fenchel der Länge nach vierteln, den Strunkansatz jeweils abtrennen. Viertel quer in hauchdünne Scheiben schneiden. Knoblauch schälen und ebenfalls in dünne Scheiben teilen, Zitronenschale fein hacken.

2 In einem weiten Topf 2 EL Öl mit den Fenchelsamen heiß werden lassen. Muscheln und Zitronenschale zugeben, Deckel drauf und die Muscheln bei starker Hitze 5 Minuten garen. Aus dem Topf fischen und alle geschlossenen wegwerfen. Den Sud, der sich im Topf gebildet hat, durch ein feines Sieb gießen.

3 Jetzt schon mal für die Nudeln reichlich Wasser zum Kochen bringen und salzen. Die Nudeln einlegen und nach Packungsangabe al dente garen.

4 In der Zeit bei ein paar Muscheln das Fleisch in der Schale lassen, den Rest rauslösen (geht gut mit einem Zahnstocher: einstechen und abziehen).

5 Das übrige Öl in einem Topf erhitzen. Fenchel mit dem Knoblauch einrühren und 1–2 Minuten andünsten. Mit dem Pastis und dem Muschelsud aufgießen, salzen und zugedeckt bei schwacher Hitze noch etwa 2 Minuten dünsten. Dann alle Muscheln untermischen und heiß werden lassen.

6 Basilikumblättchen abzupfen und mit dem Fenchelgrün fein schneiden. Die Nudeln abgießen, mit dem Grünzeug und dem Fenchel mischen. In vorgewärmten Tellern servieren.

So viel Zeit muss sein: 25 Minuten
Das schmeckt dazu: noch mehr Olivenöl zum Beträufeln und frisches knuspriges Weißbrot
Kalorien pro Portion: 630

Pasta mit Fischtatar

Heiße Nudel, kalte Sauce – Sommerhit!

Reicht für 4:

1 Stange Staudensellerie
1 kleines Bund Rucola
200 g Tomaten
500 g Spaghetti
Salz
300 g ganz frischer Tunfisch und/oder Schwertfisch
1 EL Zitronensaft
Pfeffer aus der Mühle
5 EL Olivenöl
2 EL Pinienkerne

1 Den Sellerie waschen und die Enden abschneiden, wenn sich dabei Fäden lösen, abziehen. Den Sellerie ganz fein hacken. Vom Rucola alle dicken Stängel abknipsen, welke Blätter aussortieren. Den Rucola waschen, trockenschleudern und fein hacken. Tomaten waschen und Stielansätze herausschneiden. Die Tomaten auch ganz fein zerkleinern (mit dem Messer oder im Blitzhacker).

2 Jetzt kann man schon mal das Wasser für die Nudeln aufsetzen: etwa 5 l Wasser im großen Topf erhitzen und salzen. Die Nudeln hineingeben und nach Packungsangabe al dente kochen (dauert etwa 8 Minuten). Und schon mal eine Schüssel und vier tiefe Teller vorwärmen (siehe Tipp unten).

3 Fisch in ganz kleine Würfel schneiden. Mit den Tomaten, dem Sellerie und dem Rucola mischen. Das Tatar mit Zitronensaft, Salz und Pfeffer würzen, 4 EL Olivenöl untermischen. In einer Pfanne das übrige Olivenöl erhitzen, die Pinienkerne darin goldbraun rösten.

4 Nudeln abgießen und abtropfen lassen, in der warmen Schüssel mit dem Tatar mischen und etwa 1/2 Minute ziehen lassen, dann auf die warmen Teller verteilen und Pinienkerne aufstreuen. Ohne Käse essen!

So viel Zeit muss sein: 20 Minuten
Das schmeckt dazu: Weißbrot
Kalorien pro Portion: 760

Räucherfisch-Risotto

Entfernte Verwandte vom Klassiker

Reicht für 4 zum Sattessen:

2 Stangen Lauch, 2 Knoblauchzehen
8 Zweige Thymian, 4 EL Butter
400 g Risotto-Reis, 1/8 l trockener Weißwein
1–1,2 l milder Fischfond (den Fond aus dem Glas leicht mit Wasser verdünnen oder Gemüsebrühe nehmen), 1 Bund Rucola
250 g geräuchertes Forellenfilet (von etwa 1 Fisch; genauso fein: geräuchertes Renkenfilet oder frisches Filet von Rotbarbe, Brasse oder Lachs)
50 g Mascarpone (Ricotta oder Sahne schmecken auch lecker)
1/2 EL Zitronensaft
Salz, Pfeffer aus der Mühle

1 Den Lauch putzen, längs aufschlitzen und auch zwischen den Blättern gut unter fließendem Wasser waschen. Den Lauch in feine Streifen schneiden. Knoblauch schälen und fein hacken. Den Thymian abbrausen, Blättchen von den Zweigen streifen.

2 Im Topf 2 EL Butter zerlassen. Knoblauch, Lauch, Thymian darin bei starker Hitze andünsten. Reis ungewaschen (!) dazugeben und unterrühren. Wein aufgießen und verdampfen lassen. Hitze auf mittlere Stufe schalten und 1 Schöpfkelle Fond angießen. Reis etwa 15 Minuten garen, dabei immer wieder Fond angießen und oft durchrühren.

3 Inzwischen Rucola verlesen, dicke Stängel abknipsen. Rucola waschen und trockenschleudern, einige Blätter beiseite legen, den Rest hacken. Fisch häuten, entgräten, klein schneiden. Fisch mit gehacktem Rucola unter den Reis mischen, 5 Minuten garen. Mascarpone mit übriger Butter in Stückchen unterrühren. Risotto mit Zitronensaft, Salz, Pfeffer würzen. Mit übrigem Rucola garnieren.

So viel Zeit muss sein: 30 Minuten
Das schmeckt dazu: Blattsalat mit Tomaten
Kalorien pro Portion: 330

Variante:

Schwarzer Risotto

Reis mit Knoblauch, Thymian und etwas abgeriebener Bio-Zitronenschale andünsten. Wie beschrieben garen, zum Schluss 1 Päckchen Tintenfischtinte (Fischgeschäft) unterrühren. 200 g Garnelen in 2 EL Olivenöl braten, mit 1 Bund gehacktem Basilikum unters Risotto rühren. Mit Salz, Pfeffer, Zitronensaft würzen.

Fisch-Paella

Schnelle Variante mit TK-Gemüse

Reicht für 4 zum richtig Sattessen:

500 g Miesmuscheln
1 l Gemüsebrühe
200 g TK-Lauch
150 g TK-Erbsen
300 g TK-Brokkoliröschen
1 kleine Dose Tomaten (Inhalt 400 g)
400 g Paella-Rreis (ersatzweise Risotto-Reis)
4 Knoblauchzehen
1 Döschen Safranfäden oder -pulver (0,1 g)
Salz, Pfeffer aus der Mühle
4 EL Olivenöl
600 g gemischtes Fischfilet (was es gerade gibt)
2 EL Zitronensaft
8 ungeschälte rohe Garnelen

1 Muscheln waschen, geöffnete wegwerfen. Brühe erhitzen, Muscheln darin zugedeckt etwa 3 Minuten bei starker Hitze kochen, bis sie sich öffnen. Herausheben, abtropfen lassen, geschlossene Muscheln entfernen.

2 Den Backofen auf 180 Grad vorheizen (ohne Vorheizen: Umluft 160 Grad). Das TK-Gemüse in die heiße Brühe geben und einmal kräftig aufkochen. Die Tomaten in der Dose klein schneiden und mit dem Reis unter die Brühe und das Gemüse mischen. Einmal aufkochen. Knoblauch schälen und dazupressen, den Safran unterrühren und alles salzen und pfeffern.

3 Die Reismischung in eine ofenfeste Form füllen, mit 2 EL Olivenöl beträufeln. Mit Alufolie abdecken (bei Umluft auch ein bisschen an die Form drücken, sonst weht sie durch den Ofen) und 20 Minuten im Ofen (Mitte) backen.

4 Inzwischen das Fischfilet entgräten, falls nötig, und dann in mundgerechte Stücke schneiden. Mit Zitronensaft, Salz und Pfeffer würzen. Die Garnelen waschen und trockentupfen. (Wer es beim Essen einfacher haben mag, schält sie noch und entfernt auch den Darm.) Fisch und Garnelen mit den Muscheln auf den Reis legen, das übrige Öl darüber laufen lassen und alles noch mal 10 Minuten offen backen. Sofort auf den Tisch stellen.

So viel Zeit muss sein: 30 Minuten
(+ 30 Minuten Backzeit)
Das schmeckt dazu: Zitronenschnitze und Weißbrot
Kalorien pro Portion: 685

Gebratener Fisch mit Erdnuss-Chili-Reis

Angenehm frisch und würzig

Reicht für 4:

1 dicke Stange Lauch
150 g Austernpilze
2 dicke Möhren
2 Chilischoten
3 EL Öl
300 g Basmati-Reis (auch sehr fein: Duftreis)
700 ml Gemüsebrühe (ebenfalls gut: Fischfond)
100 g geröstete Erdnusskerne
8–12 Rotbarbenfilets (etwa 600 g; Sardinen (ohne Mittelgräte), Scholle oder Knurrhahn schmecken auch lecker)
2 EL Limettensaft
Salz
Basilikumblättchen zum Bestreuen (oder gerne auch Korianderblättchen)

1 Lauch putzen, längs aufschlitzen und gut waschen, auch zwischen den Blättern. Lauch in 6–7 cm lange Stücke schneiden, dann längs in feine Streifen. Die Austernpilze mit Küchenpapier abreiben, Stiele abschneiden. Pilze in Streifen schneiden. Möhren schälen und der Länge nach in dünne Scheiben, dann auch in Streifen schneiden. Die Chilischoten waschen und den Stiel abschneiden. Chilis mit den Kernen in feine Ringe schneiden.

2 In einem Topf 1 EL Öl erhitzen. Gemüse, Pilze und Chilis darin bei starker Hitze kurz andünsten. Reis waschen und unterrühren. Mit der Brühe aufgießen. Hitze klein stellen, Deckel auflegen und die Reismischung ungefähr 15 Minuten garen, bis die Reiskörner weich sind.

3 In der Zeit die Erdnusskerne fein hacken. Die Fischfilets mit Limettensaft beträufeln und salzen. Übriges Öl in einer Pfanne heiß werden lassen. Fischfilets mit der Haut nach unten in die Pfanne legen und 2–3 Minuten bei starker Hitze braten. Umdrehen und nur noch ein paar Sekunden braten.

4 Den Reis mit Salz würzen und auf Teller oder einer Platte verteilen. Die Fische darauf legen, Erdnüsse und Basilikum aufstreuen.

So viel Zeit muss sein: 30 Minuten
Das schmeckt dazu: Limettenschnitze und eventuell ein Gurkensalat
Kalorien pro Portion: 690

Pizza mit Fisch
Mal was anderes

Reicht für 4:

Für den Teig:

350 g Mehl + Mehl zum Arbeiten
Salz
1/2 Würfel frische Hefe (21 g)
4 EL Olivenöl + Öl fürs Blech

Für den Belag:

800 g frische Tomaten
2 rote Zwiebeln
2 Knoblauchzehen
4 EL Olivenöl
1 TL Fenchelsamen
8 getrocknete Tomaten in Öl
Salz
Cayennepfeffer
je 1 gelbe und grüne Paprikaschote
500 g Fischfilet (z. B. Lachs, Tunfisch, Schwertfisch, Steinbeißer oder Dorade)
1 Kugel Mozzarella (125 g)
1/2 Bund Basilikum (nach Belieben)

1 Das Mehl in eine Schüssel schütten, 1/2 TL Salz untermischen. Hefe zerkrümeln und in 175 ml lauwarmem Wasser verrühren, bis keine Stückchen mehr zu sehen sind. Mit dem Öl zum Mehl gießen und alles ganz gründlich miteinander verkneten. (Am besten geht das mit den Händen auf der Arbeitsfläche.) Teig wieder in die Schüssel legen, mit einem Küchentuch abdecken und gut 30 Minuten in Ruhe lassen, bis er sichtbar größer geworden ist.

2 Genügend Zeit für den Belag: Aus den frischen Tomaten die Stielansätze herausschneiden. Die Tomaten mit kochendem Wasser überbrühen und kurz ziehen lassen. Abschrecken, häuten und in kleine Würfel schneiden. 1 Zwiebel und den Knoblauch schälen und fein würfeln. 2 EL Öl in einem Topf heiß werden lassen. Zwiebel, Knoblauch und Fenchelsamen einrühren und bei starker Hitze andünsten. Gewürfelte Tomaten dazu, Hitze auf mittlere Stufe schalten und ungefähr 15 Minuten vor sich hin köcheln lassen, bis die Tomaten musig werden. Zwischendurch umrühren. Die getrockneten Tomaten ebenfalls in kleine Würfel schneiden und unter die Tomatensauce mischen. Mit Salz und Cayennepfeffer abschmecken.

3 Paprikaschoten durch den Stiel halbieren. Stiel und die Trennhäutchen mit den Kernen rauszupfen. Die Schoten waschen, in dünne Streifen schneiden. Die restliche Zwiebel schälen und halbieren, auch in Streifen schneiden. Fischfilet entgräten, falls nötig, und in etwa 1/2 cm große Stücke schneiden, mit Salz würzen. Mozzarella klein würfeln.

4 Den Backofen auf 230 Grad vorheizen (auch schon jetzt: Umluft 210 Grad). Das Backblech mit etwas Öl auspinseln. Die Arbeitsfläche mit Mehl bestreuen, den Teig darauf legen und ausrollen, ungefähr so groß wie das Blech. Aufs Blech legen und mit den Fingern in Form drücken, dabei sollen die Ränder ein bisschen dicker werden.

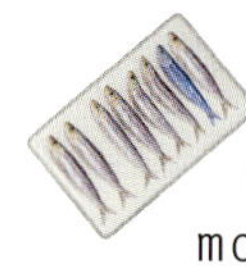

Basic Tipp

Wer den Teig vorbereiten will: schon morgens kneten und im Kühlschrank gehen lassen. Die Tomatensauce dann auch früher kochen – eventuell einen Tag vorher.

5 Tomatensauce auf dem Teig verstreichen. Paprika, Zwiebelstreifen und Fisch auf dem Teigfladen verteilen. Mozzarella darüber streuen, übriges Öl auf die Zutaten gießen. Pizza im Ofen (Mitte) etwa 15 Minuten backen, bis sie schön gebräunt ist. Nach Belieben jetzt noch die Basilikumblättchen von den Stängeln zupfen und vor dem Essen auf die Pizza streuen.

So viel Zeit muss sein: 1 Stunde
(+ 15 Minuten Backzeit)
Das schmeckt dazu: gemischter Salat
Kalorien pro Portion: 830

Auch gut:

Statt des frischen Fisches einfach Tunfisch aus der Dose (2 Stück) nehmen. Oder die Hälfte vom Fischfilet durch Räucherfisch ersetzen. Statt der Paprikaschoten 2 junge Zucchini in dünnen Scheiben oder 300 g vorgegarte grüne Bohnen nehmen. Ganz fein: Die Pizza zusätzlich mit Kapern, Oliven und ein paar eingelegten Sardellenfilets belegen. Die Tomatensauce mit Peperoncini pikant würzen. Und mehr Zwiebeln schneiden und aufstreuen.

Ooooh, das sieht aber toll aus!

Ganze

Fische

So, willkommen bei den Fortgeschrittenen. Denn hier geht's um den kompletten Fisch. Samt Haut und Gräten. Vor dem muss man jetzt aber keine Angst mehr haben. Denn wer sich bis hierher schon mit dem besonderen Geschmack von samt Haut gebratenem Zander- oder Snapperfilet angefreundet hat, der kann sich nun richtig auf was freuen: noch mehr besonderen Geschmack.

Beim Garen im Ganzen behält nämlich der Fisch viel mehr von seinem Saft und Aroma. Weswegen es dabei auch ein bisschen würziger zugehen kann: Die Scholle wird mit Speck gebraten, die Lachsforelle in einem Mantel aus Salz in den Ofen geschoben und der Wolfsbarsch bekommt vorher noch ordentlich Rosmarin und Knoblauch in den Bauch.

Und dann folgt der Moment, wenn es zu Tisch geht: »Ooooh, das sieht aber toll aus!« So toll, dass die Sache mit den Gräten ganz in Vergessenheit gerät. Und wenn dann doch mal eine auftaucht: »Schaun mer mal!« Auf die nächste Seite.

Luxus für alle

Gefüllte Teigfischchen

Ein Trick, um sich ganzen Fisch zu gönnen, ohne sich ganzen Fisch kaufen zu müssen: ein Filet nehmen und das in Blätterteig hüllen, der die Form eines Fisches verpasst bekommt – voilà, viermal feiner Fisch ohne Gräten für alle!

Wir brauchen 200 g weißes Fischfilet und 50 g Graved lax, was klein gehackt wird. Dies mischen wir mit einem Spritzer Alkohol (perfekt wäre Vermouth oder Cognac) und etwas Salz wie Pfeffer. Nun 4 rechteckige Platten TK-Blätterteig auftauen lassen, quer halbieren und die Quadrate in Fischform schneiden. Auf 4 der »Fischen« in der Mitte die Füllung verteilen, Ränder mit Eigelb bestreichen und die anderen Fische drauflegen. Ränder mit der Gabelspitze rundum festdrücken. Teigfische mit Eigelb bepinseln und nach Wunsch mit Teigresten garnieren (etwa kleine Schuppen wären hübsch). Noch mal bepinseln und auf dem Blech im 200 Grad heißen Backofen (Mitte) in 15–20 Minuten goldgelb backen.

Fisch und ...

... Bier?

Ganze Fische werden gerne würzig gebraten (wie Scholle oder grüne Heringe mit Speck) oder gegrillt (Sardinen mit Knoblauch und Kräutern), wozu ein gutes, kühles Bier oft ideal ist. Es sollte möglichst erfrischend sein, also nicht zu bitter, gehaltvoll oder süß. Gar nicht schlecht sind für solche Fälle Asia-Biere, die zwischen Pils und Export liegen und einen nicht so (ab)füllen wie ein Weiß- oder Bockbier.

Bier ist im Zweifel ohnehin das beste Getränk zu asiatischen Fischgerichten mit viel Aroma – vom Wokgerührten bis zu Sushi. Auch zu Frittiertem (Fish 'n' chips, Calamari-Ringe im Teig) passt es oft besser als Wein, der sich zudem mit sauer Eingelegtem eigentlich gar nicht verträgt. Daher auch zum Brathering lieber den Kronkorken zischen, statt die Korken knallen lassen.

Tante Ilse rät

Hilfe, ich habe eine Gräte!

Liebe Tante Ilse,
wenn ich etwas noch weniger mag als Gräten im Fisch, dann sind das Gräten im Mund oder gar im Hals. Ist mir zwar noch nicht passiert – aber wenn es so käme, was könnte ich dann tun?
Sibylle aus Hamburg

Tante Ilse rät:
Also, die Gräte muss ich dir schon ziehen: Wenn du deinen Fisch garantiert »ohne« haben willst, bleibt wenig Auswahl. Filets von Tunfisch, Seeteufel, Waller und Plattfischen sind so sauber von der Gräte getrennt, dass nichts schiefgehen kann. Wie du den Rest grätenfrei bekommst, steht auf Seite 16 (rohes Filet entgräten) und Seite 30 (gegarten Fisch filetieren).

Landet trotzdem eine Gräte im Munde, gibt es mehrere Möglichkeiten: per Finger rausholen (vielleicht, wenn man alleine ist); mit der Zunge zur Lippe bringen, auf die Gabel bugsieren (braucht Geschick, wenn es unauffällig bleiben soll) und auf den Grätenteller geben (wenn es einen gibt); oder die Gräte wie nebenbei beim Mund abwischen in der Serviette verschwinden lassen (einfacher, nur wohin mit der Gräte?). Stilvoll: an einen stillen Ort zurückziehen und die Gräte entsorgen – in der Hoffnung, dass das jetzt nicht so weitergeht.

Gerät eine kleine Gräte in den Hals, rutscht sie oft einfach durch – Problem gelöst. Hängt sie, können 1 Schluck Zitronensaft oder milder Essig helfen, sie weicher zu machen. Etwas Brot, gekochte Kartoffeln oder Salat unterstützen beim Durchrutschen. Bleibt die Luft weg oder hustet man heftig, und das hört nicht mehr auf – sofort zum Arzt bitte!

Unser liebster Fisch:

die Forelle

engl. trout; franz. truite; ital. trota; span. trucha; bulg. pastrava

+ weil sie oft aus dem nahen Umland kommt + weil uns nichts anderes aus dem Süßwasser lieber ist + weil sie im Ganzen am besten schmeckt + weil sie gerade für einen reicht + weil sie geräuchert auch sehr fein ist

Das ist sie:
+ zu Hause in den Seen, Flüßen, Bächen und Teichen Deutschlands (von hier wird die Hälfte unseres Bedarfs gedeckt) und Resteuropas von Dänemark bis Spanien (die andere Hälfte) + meist Zuchtfisch + wie etwa die Regenbogenforelle (mit rotem Strich an der Seite), Einwanderin aus den USA, die in Teichen gezogen wird und den Großteil der bei uns angebotenen Forellen ausmacht + oder die Lachsforelle, die eigentlich eine große Regenbogenforelle ist, die durch Rotes im Futter ihre Farbe bekam + ebenso die rare, kleine, feine Bachforelle, die aber oft auch wild in schnell fließenden Gewässern lebt (und eine Süßwasser-Verwandte der echten Lachsforelle ist, die wie der Lachs zwischen Meer und Fluß wandert)

Da findet man sie:
+ in der Bratpfanne (gut mit Mandeln) + über der Glut (sehr fein als »Steckerlfisch«) + im Topf (etwa in Essigsud blau pochiert) + im Dämpfer (lecker: asiatisch gewürzt) + im Ofen (unbedingt probieren: mit Kräutern in Folie) + im Räucherofen + selten als frisches Filet auf dem Teller

Das mag sie:
+ Dill, Kerbel, Petersilie, Schnittlauch, Lorbeerblätter, Rosmarin, Salbei, Thymian + Curry, Fenchel, Kümmel, Paprika, Wacholder + Senf, Meerrettich, Knoblauch, Ingwer + Butter, Sahne, Weiß- und Rotwein, Essig, Zitronensaft + Fenchelknolle, Gurken, Kartoffeln, Kopfsalat, Lauch, Spargel, Spinat, Tomaten

Das ist nix:
+ für Leute, die gar keine Gräten mögen + Pfannen, die kleben + wenn ihr Schleim (Zeichen von Frische) vor dem Garziehen abgewischt wird + wenn sie zu lange gekocht wird + mit Nudeln kombiniert

Fischbrötchen **Nr. 5**

Pias Sardinen-Baguette

Ein echtes Sommerfischbrötchen für 4-6 Leute (kann man auch gut mitnehmen).

Wir brauchen 2 Dosen Ölsardinen – die besten, die wir finden. Die Fische lassen wir im Sieb abtropfen und fangen dabei das Öl auf. Dann werden die Sardinen in je 4 Stücke geteilt. Nun 1 Hand voll kleine Cocktailtomaten waschen und vierteln. 1 Bund glatte Petersilie und 4 Stängel Minze waschen und trockenschütteln, dann die Blättchen grob hacken. Nun das Ganze miteinander mischen.

1 kleines Baguette (250 g) der Länge nach halbieren und beide Schnittflächen großzügig mit dem Sardinenöl bestreichen. Die Fischmischung auf der unteren Baguette-Hälfte verteilen, mit wenig Salz, viel grobem schwarzen Pfeffer und 1 Spritzer Zitronensaft beträufeln, obere Hälfte darauf legen und gut zusammenpressen. 10 Minuten ziehen lassen, dann das Baguette vierteln oder sechsteln und jeweils in eine Serviette gewickelt servieren.

Forelle blau

So was von saftig

Reicht für 4 zum Sattessen:
4 Forellen (je etwa 300 g, gut schmecken auch Saiblinge oder Renken)
1/4 l Weißweinessig
1 Möhre
1 Zwiebel
1 Stange Lauch
1/2 Bio-Zitrone
200 ml trockener Weißwein
4 Salbeiblättchen
2 Lorbeerblätter
1 TL Wacholderbeeren
Salz

Für die Kartoffelsauce:
400 g Kartoffeln (fest kochende Sorte)
1 Stück Salatgurke (etwa 200 g)
1 großes Bund Schnittlauch
100 ml heiße Gemüsebrühe
2 EL Apfelessig (ebenfalls fein: nicht zu saurer Weißweinessig)
50 g saure Sahne
2 TL scharfer Senf
2 EL Öl
Salz
Pfeffer aus der Mühle

1 Die Fische auf die Arbeitsfläche legen und in die Bauchhöhle schauen. Falls da Blut drin ist, die Fisch dort kurz abbrausen. Aber wirklich nur im Bauch und nicht außen, sonst zerstört man die Schleimschicht und die Fische werden nicht blau. Die Fische in eine Schale legen und mit dem Essig begießen.

2 Jetzt Möhre und Zwiebel schälen. Lauch putzen, längs aufschlitzen und gründlich waschen. Gemüse grob schneiden. Zitrone heiß waschen und in Scheiben schneiden.

3 Gemüse und Zitrone mit Wein und 1 1/2 l Wasser in einen großen Topf (am besten in einen länglichen Fischtopf) füllen. Salbei, Lorbeer, Wacholder und 1 EL Salz dazugeben, alles erhitzen. Sud bei mittlerer Hitze offen etwa 15 Minuten vor sich hin köcheln lassen.

4 In der Zeit geht's um die Sauce. Kartoffeln waschen und in der Schale in Wasser in etwa 25 Minuten weich kochen. Die Gurke schälen und der Länge nach durchschneiden. Kerne mit dem Löffel herauskratzen, Gurke in kleine Würfel schneiden. Schnittlauch abbrausen, trockenschütteln und in feine Röllchen schneiden.

5 Jetzt wieder zum Fisch: Den Sud durch ein Sieb gießen oder Gemüse, Kräuter, Gewürze und die Zitronenscheiben mit dem Schaumlöffel rausfischen. Den Sud abschmecken und eventuell noch salzen. Fische in den Sud legen, 12 Minuten darin ziehen lassen. Der Sud darf dabei nicht kochen, sondern nur leise blubbern!

6 Inzwischen das Wasser von den Kartoffeln abgießen und die Knollen etwas ausdämpfen lassen. Dann die Kartoffeln pellen und in kleine Würfel schneiden. Gemüsebrühe mit Essig, saurer Sahne, Senf und Öl verrühren. Kartoffeln, Gurke und Schnittlauch untermischen. Mit Salz und Pfeffer würzen.

7 Fische vorsichtig aus dem Sud heben und auf vorgewärmte Teller legen. Die lauwarme Kartoffelsauce gibt's dazu.

So viel Zeit muss sein: 1 Stunde
Das schmeckt dazu: frisch geriebener Meerrettich und eventuell Blattspinat
Kalorien pro Portion: 320

Auch gut:

Statt der Kartoffelsauce mal 2–3 TL frisch geriebenen Meerrettich mit 300 g saurer Sahne und 2 EL Crème fraîche, Salz und 1 Prise Zucker verrühren und zum Fisch essen.

Gebratene Saiblinge

Aus der Küche der Frau Müllerin

Reicht für 4:

4 größere Saiblinge (je etwa 300 g; gut schmecken auch Forellen, größere Rotbarben oder frische Heringe)

2 EL Zitronensaft

Salz, Pfeffer aus der Mühle

1/2 Bund Petersilie, 3 EL Mehl

40 g Butter, 1 EL Öl

1 Fische gut waschen und trockentupfen, Mittelmeerfische wie Rotbarben unter Umständen (wenn es der Fischhändler nicht schon erledigt hat) vorher noch schuppen. Innen mit 1 EL Zitronensaft beträufeln, innen und außen mit Salz und Pfeffer würzen.

2 Petersilie abbrausen, trockenschütteln und fein hacken. Das Mehl auf eine Platte oder einen großen Teller schütten und verteilen. Die Fisch nacheinander ins Mehl legen und darin wenden. Das Mehl mit dem Finger gleichmäßig auf der Fischhaut verstreichen.

3 Die Butter bis auf einen kleinen Rest mit dem Öl in einer großen Pfanne (oder in zwei, wenn die Fische nicht alle reinpassen) heiß und flüssig werden lassen. Fische ins Fett legen und bei mittlerer Hitze etwa 5 Minuten braten, wenden und dann noch einmal so lange braten.

4 Fische aus der Pfanne nehmen und auf vorgewärmte Teller legen. Übrige Butter und die Petersilie ins Bratfett rühren, mit Salz, Pfeffer und dem restlichen Zitronensaft abschmecken und über die Fische gießen. Übrigens: Die Haut ist knusprig und lecker – unbedingt mitessen!

So viel Zeit muss sein: 20 Minuten
Das schmeckt dazu: Zitronenschnitze und Salzkartoffeln
Kalorien pro Portion: 315

Variante:

Fisch mit Kokosraspeln

1/2 Bio-Limette heiß waschen, die Schale abreiben, Saft auspressen. 1 Stück frischen Ingwer (etwa 1 cm) schälen und fein reiben. 4 größere Rotbarben oder Saiblinge (je etwa 300 g) waschen und innen und außen mit 2 EL Limettensaft beträufeln. Auf einem Teller 50 g Kokosflocken mit der Limettenschale und dem Ingwer mischen. Fische hineinlegen und andrücken, umdrehen und andrücken. Die Fische in 4 EL Öl pro Seite bei mittlerer Hitze etwa 4 Minuten braten. Mit Fladenbrot und Spinatgemüse essen.

Fisch im Salzmantel

Schutzschicht mit ganz viel Aroma

Reicht für 4 Erlebnishungrige:

1 ganzer großer Fisch (um die 1,2 kg schwer; z. B. Lachsforelle – wie im Bild, Wolfsbarsch oder Dorade)

1 großes Bund Basilikum

2 Bio-Limetten

2 TL grüne Pfefferkörner (am besten frische, ersatzweise aus dem Glas)

1/2 Bund Thymian

2 1/2 kg Salz (das kann das ganz normale sein)

2 Eiweiße (Größe M)

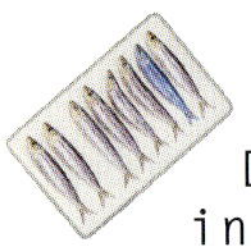

Basic Tipp

Das Fischfleisch bleibt in der Salzhülle phantastisch saftig und wird unwiderstehlich aromatisch. Und zwar so, dass man es nicht mit einer Sauce überdecken sollte. Ideale Begleitung: etwas zerlassene Butter oder bestes Olivenöl. Salz bekommt der Fisch durch die Kruste genug, die Haut sogar so viel, dass man sie besser nicht mitisst.

1 Als erstes den Backofen auf 250 Grad vorheizen (auch schon jetzt: Umluft 220 Grad). Den Fisch waschen und schuppen, wenn es nötig ist, dann trockentupfen. Die Basilikumblättchen abzupfen und mittelgrob hacken. Die Limetten waschen und mit der Schale grob würfeln. Beides mit den Pfefferkörnern mischen und in den Fischbauch füllen.

2 Thymian abbrausen und trockenschütteln, die Blättchen von den Stielen streifen – am besten gegen den »Strich« bzw. die Richtung, in die die Blattspitzen zeigen. Thymian mit Salz und Eiweiß in eine Schüssel füllen. 200 ml kaltes Wasser dazuschütten und alles gründlich miteinander vermengen.

3 Das Backblech mit Backpapier auslegen. Die Hälfte des Salzteigs aufs Papier häufen und so verteilen, dass er ungefähr die Form vom Fisch hat, nur ein bisschen größer. Da kommt der Fisch jetzt drauf und anschließend auch der Rest vom Salzteig. Den Teig mit den Händen so um den Fisch herum verteilen, dass er ganz davon bedeckt ist.

4 Das Blech in den Ofen (Mitte) schieben und den Fisch etwa 30 Minuten backen. Danach ist der Salzmantel so richtig fest geworden. Um an den Fisch heran zu kommen, müssen wir »Gewalt anwenden«. Also den Hammer holen und die Kruste vorsichtig aufschlagen – nicht zu fest, sonst wird das Fischfleisch gleich mit zertrümmert. Die Kruste anheben und das zarte saftige Fischfleisch von den Gräten ablösen. Mit der Füllung auf vorgewärmte Teller verteilen.

So viel Zeit muss sein: 30 Minuten
(+ 30 Minuten Backzeit)
Das schmeckt dazu: Weißbrot oder Rosmarinkartoffeln, ein Salat und auf jeden Fall zerlassene Butter oder gutes Olivenöl zum Beträufeln
Kalorien pro Portion: 165

Füllungs-Varianten:

Orient-Datteln

1 kleine Tomate waschen und den Stielansatz herausschneiden. 1 Frühlingszwiebel putzen und waschen. 3–4 Knoblauchzehen schälen, 3 Stängel Koriander waschen und trockenschütteln. Alles hacken. 50 g Datteln entsteinen und in Streifen schneiden. Alles mit Salz, Pfeffer und 2 TL Ras-el-hanout (aus dem Asien- oder Orient-Shop) mischen und mit etwas Zitronensaft abschmecken. Die Füllung in der Bauchhöhle verteilen.

Chili-Fenchel

1 zarte Fenchelknolle waschen, alle braunen Stellen und die grünen Stängel abschneiden. Fenchel durch den Strunk vierteln, Strunk abschneiden und die Viertel in feine Streifen hobeln. 1/2 Bio-Zitrone heiß waschen und dünn schälen, Schale fein hacken. 2 Knoblauchzehen schälen, fein würfeln. 2 Chilischoten waschen, entstielen und in feine Ringe schneiden. Das alles mit 2 TL Fenchelsamen und 1 EL Olivenöl mischen, nun leicht salzen – und in den Fischbauch damit.

Dill-Gurken

1 Stück Salatgurke (150 g) schälen, längs halbieren und entkernen. Hälften in feine Scheiben schneiden. 1 Bund Dill waschen, trockenschütteln und fein schneiden. Beides mit 2 EL Zitronensaft mischen, leicht salzen, gut pfeffern und in den Fischbauch füllen.

Teig-Varianten:

Statt dem Thymian andere Kräuter wie Rosmarin oder Salbei mit untermischen. Oder den Teig asiatisch würzen mit feinen Zitronengrasringen oder Zitronenblätterstreifen und reichlich gehacktem Ingwer. Salzteig kräftig pfeffern – mit grob gemahlenem schwarzem Pfeffer oder mit frischen grob gehackten grünen Pfefferkörnern. Oder Anis- oder Fenchelsamen im Mörser andrücken und mit unter das Salz mischen. Getrocknete Chilischoten fein zerkrümeln und unter den Teig mengen.

Forellen in der Folie

Ganz easy!

Reicht für 4:

4 Forellen (je etwa 300 g)

2 EL Zitronensaft

Salz

Pfeffer aus der Mühle

1/2 Bund Minze

4 Tomaten

4 Frühlingszwiebeln

2 EL Olivenöl

4 Bögen Alufolie

1 Den Backofen auf 220 Grad vorheizen (auch schon jetzt: Umluft 200 Grad). Die Alufolienstücke mit der glänzenden Seite nach oben auf der Arbeitsplatte auslegen.

2 Die Forellen waschen und trockentupfen. Innen mit dem Zitronensaft beträufeln, innen und außen mit Salz und Pfeffer würzen.

3 Minze abbrausen und trockenschütteln, die Blättchen von den Stängeln zupfen. Die Tomaten waschen und in dünne Scheiben schneiden, dabei die Stielansätze entfernen. Wurzelbüschel und welke grüne Teile von den Frühlingszwiebeln abschneiden. Die Zwiebeln waschen und der Länge nach halbieren, die Hälften schräg in 1–2 cm breite Stücke schneiden.

4 Tomaten, Zwiebeln und Minze in den Fischbäuchen verteilen, Rest auf den Folienstücken verteilen. Forellen darauf legen und mit dem Öl beträufeln. Die Folie über die Forellen klappen und gut verschließen. Die Päckchen auf dem Rost über dem Backblech in den Ofen (Mitte) schieben und ungefähr 30 Minuten backen. Dann die Forellen samt Folie auf einer großen Platte oder in vier Formen auf den Tisch bringen. Folie öffnen und den Fisch auf Teller umheben.

So viel Zeit muss sein: 20 Minuten
(+ 30 Minuten Backzeit)
Das schmeckt dazu: Salzkartoffeln und geschmolzene Butter oder Weißbrot und Rucolasalat
Kalorien pro Portion: 200

Auch gut:

Nur Zitronenscheiben und Kräuter wie Minze, Basilikum, Borretsch oder Estragon mit ein paar Butterflocken in die Fischbäuche füllen.

Sardinen aus dem Ofen

In Italien gelernt

Reicht für 4:

400 g junge Zucchini

Salz

Pfeffer aus der Mühle

700 g frische Sardinen

2 Sardellenfilets in Öl

4 getrocknete Tomaten in Öl

4 Knoblauchzehen

1 EL Kapern

2 Stängel Oregano

(wenn man das Kraut gerade da hat)

1 Bund Basilikum

30 g gehäutete Mandeln

1 getrockneter Peperoncino

1/2 EL Zitronensaft

4 EL Olivenöl

1 Zucchini waschen, die Enden abschneiden. Zucchini der Länge nach in gut 1/2 cm dicke Scheiben schneiden. Eine ofenfeste Form mit den Zucchini auslegen, leicht salzen und mit Pfeffer würzen.

2 Die Sardinen waschen und, falls nötig, die Schuppen entfernen. Köpfe abschneiden, Sardinen am Bauch aufschneiden und aufklappen. Mittelgräte anheben und abziehen. Sardinen noch mal kurz waschen, abtrocknen und leicht salzen und pfeffern. Auf den Zucchini verteilen.

3 Den Backofen auf 220 Grad vorheizen (auch schon jetzt: Umluft 200 Grad). Die Sardellenfilets und Tomaten abtropfen lassen und klein schneiden. Knoblauch schälen und mit den Kapern fein hacken. Den Oregano waschen, trockenschütteln und mit dem Basilikum ebenfalls fein schneiden. Die Mandeln mit Peperoncino, Zitronensaft und dem Olivenöl grob pürieren (Blitzhacker oder Pürierstab), restliche Zutaten untermischen. Die Mischung nur leicht salzen (Sardellen und Tomaten sind würzig), auf den Sardinen verteilen. In den Ofen (Mitte) schieben und ungefähr 20 Minuten backen.

So viel Zeit muss sein: 30 Minuten
(+ 20 Minuten Backzeit)
Das schmeckt dazu: Weißbrot, Rucolasalat und Zitronenschnitze
Kalorien pro Portion: 280

Auch gut:

Gehäutete Paprika oder Tomatenscheiben statt Zucchini nehmen. Und den Oregano durch Thymian oder Rucola ersetzen, die Mandeln durch Pinienkerne.

Rotbarben im Mangoldblatt

Für Asia-Fans

Reicht für 4:

4 große oder 8 kleinere Mangoldblätter
Salz, 4 größere Rotbarben (je etwa 280 g)
1 Bio-Limette, 2 Frühlingszwiebeln
1 Stück frischer Ingwer (etwa 1 cm)
150 g Pilze (Champignons oder Shiitake)
1 EL Cashewnusskerne
1 EL Öl, 1 EL Sojasauce
Pfeffer aus der Mühle
1 Prise gemahlener Koriander
ein paar Tropfen Chiliöl (geht genauso: Chilipulver oder fein gehackte frische Chilischote)
1 Bund Basilikum, 1/4 l Fischfond

1 Die Mangoldblätter waschen, alle welken Stellen abschneiden. Im Suppentopf Wasser zum Kochen bringen, salzen. Blätter einlegen und 1 Minute sprudelnd kochen lassen. Vorsichtig abgießen, abschrecken und abtropfen lassen. Rotbarben waschen, trockentupfen.

2 Limette heiß waschen und die Schale fein abreiben, den Saft auspressen. Die Frühlingszwiebeln waschen und fein schneiden. Ingwer schälen, fein hacken. Die Pilze mit feuchtem Küchenpapier sauber abreiben, Stielenden abschneiden. Die Pilze in kleine Würfel schneiden. Cashewkerne fein hacken.

3 Öl in einer Pfanne erhitzen. Die Pilze darin bei starker Hitze 2–3 Minuten unter Rühren braten. Mit Sojasauce und 1 EL Limettensaft ablöschen. Cashews mit Zwiebeln, Ingwer und Limettenschale dazugeben, mit Salz, Pfeffer, Koriander und Chiliöl abschmecken. Basilikumblättchen in Streifen schneiden.

4 Große Mangoldblätter getrennt auf der Arbeitsplatte ausbreiten. Bei den kleineren je 2 Blätter leicht überlappend zusammenlegen, so dass sie ein großes Blatt ergeben. Pilzmischung darauf verteilen, mit Basilikum bestreuen. Die Rotbarben innen und außen salzen, pfeffern und mit übrigem Limettensaft beträufeln. Auf die Blätter legen und darin einpacken.

5 Die Päckchen nebeneinander in einen Dämpfeinsatz legen. Fond mit 200 ml Wasser in den Wok oder in einen Topf schütten, erhitzen. Dämpfeinsatz darüber stellen, Deckel auflegen und die Fische bei starker Hitze 12–15 Minuten dämpfen. Auf Teller legen und mit ein bisschen Dämpfsud beschöpfen.

So viel Zeit muss sein: 35 Minuten
(+ 15 Minuten Dämpfzeit)
Das schmeckt dazu: Reis oder Fladenbrot
Kalorien pro Portion: 205

Marinierte gegrillte Makrelen

Mindestens so gut wie Steckerlfisch

Reicht für 4:

1 Chilischote

je 2 Zweige Rosmarin, Thymian und Salbei

4 Knoblauchzehen, 1 rote Zwiebel

1 Bio-Zitrone, 2 Lorbeerblätter

50 ml Olivenöl + Öl für die Grillkörbe und den Gitterrost

1/8 l trockener Weißwein

4 Wacholderbeeren

4 kleinere Makrelen (je etwa 230 g)

Salz, Pfeffer aus der Mühle

1 Die Chilischote waschen und den Stiel abschneiden. Schote mit den Kernen in feine Ringe schneiden. Die Kräuter abbrausen, trockenschütteln, grob hacken. Knoblauch schälen und in Scheiben schneiden. Zwiebel schälen und in Ringe schneiden oder hobeln. Zitrone heiß waschen und in dünne Scheiben schneiden, die Lorbeerblätter zerkrümeln.

2 Die vorbereiteten Zutaten mit dem Olivenöl, dem Wein und den Wacholderbeeren in einer länglichen Form verrühren.

3 Die Makrelen waschen und trockentupfen. Haut und Fischfleisch mehrmals leicht schräg nicht zu tief einschneiden. Die Makrelen in die Marinade legen und abgedeckt im Kühlschrank 12–24 Stunden ziehen lassen. Dabei immer mal wieder umdrehen.

4 Dann den Holzkohlen- oder den Backofengrill anheizen. Wer den Holzkohlengrill nimmt, braucht jetzt noch Grillkörbe, die gut eingeölt werden müssen. Genauso wie der Gitterrost vom Backofen.

5 Die Makrelen aus der Marinade nehmen und Zwiebelringe und alle anderen festen Zutaten abstreifen. Die Fische innen und außen salzen und pfeffern und in die Grillkörbe packen oder auf den Rost (mit einem Backblech drunter) legen. Über der Glut oder unter den Grillschlangen (jeweils etwa 10 cm Abstand) ungefähr 20 Minuten grillen, bis sie schön knusprig sind. Dabei immer wieder umdrehen und eventuell auch zwischendurch mal mit Marinade bepinseln.

So viel Zeit muss sein: 20 Minuten (+ 12–24 Stunden Marnierzeit + 20 Minuten Grillzeit)
Das schmeckt dazu: ofenfrisches Weißbrot und Salat
Kalorien pro Portion: 350

Seeteufel mit Gazpacho-Sauce

Mediterrane Feinkost

Reicht für 4:

1 Schwanzstück vom Seeteufel (etwa 800 g)

1/2 Bund Petersilie

2 EL Zitronensaft

Salz, Pfeffer aus der Mühle

6 EL Olivenöl

2 Scheiben Toastbrot

1 kleine rote Zwiebel

2 Knoblauchzehen

250 g Tomaten

1 Stück Salatgurke (etwa 150 g)

1 kleine gelbe Paprikaschote

1/2 Bund Basilikum

1 EL Weißweinessig (auch fein: Sherryessig)

1 Das Seeteufelstück trockentupfen. Petersilie abbrausen, trockenschütteln und fein hacken. Petersilie mit Zitronensaft, Salz, Pfeffer und 4 EL Olivenöl verrühren. Den Fisch damit einstreichen.

2 Für die Sauce das Toastbrot in eine Schüssel legen und mit Wasser bedecken. Stehenlassen, bis der Rest vorbereitet ist.

3 Zwiebel und Knoblauch schälen und fein hacken. Die Tomaten waschen, halbieren und die Stielansätze rausschneiden. Die Hälften in der Hand zusammendrücken, bis die Kerne austreten. Diese mit dem Messer abstreifen. Gurke schälen und längs halbieren, Kerne herauskratzen. Paprika halbieren, Stiel und Trennhäutchen abzupfen, waschen. Von allen Gemüsen ein Stück abschneiden und ganz klein würfeln, beiseite stellen. Den Rest vom Gemüse in größere Stücke schneiden. Die Basilikumblätter von den Stängeln zupfen.

4 Das Brot aus dem Wasser nehmen und gut ausdrücken. Mit Zwiebel, Knoblauch, dem grob gewürfelten Gemüse, Basilikum, dem übrigen Olivenöl und dem Essig fein pürieren (Küchenmaschine oder Pürierstab). Mit Salz und Pfeffer würzen, kühl stellen.

5 Holzkohlen- oder Backofengrill anheizen. Seeteufel auf einen Gitterrost legen (für den Ofen kommt noch ein Blech drunter) und über der Glut oder unter den Grillschlangen (immer 15 cm Abstand) in etwa 25 Minuten schön braun grillen, dabei immer wieder umdrehen. Feine Gemüsewürfel unter die Sauce rühren. Fisch in Scheiben schneiden (ein scharfes Messer durchtrennt auch die dicke Seeteufel-Mittelgräte), mit der Sauce essen.

So viel Zeit muss sein: 30 Minuten
(+ 25 Minuten Grillzeit)
Das schmeckt dazu: Olivenbrot
Kalorien pro Portion: 390

Auch gut:

Statt dem Seeteufelstück einen ganzen Fisch von ungefähr 1 kg nehmen – etwa einen Wolfsbarsch, einen Red Snapper oder auch eine Lachsforelle.

Gegrillte Saiblinge mit Limetten

Heimspiel mit Exotentouch

Reicht für 4:

4 Saiblinge (je etwa 330 g; gut schmecken auch Forellen, Renken, größere Rot- oder Meerbarben oder kleine Wolfsbarsche)
Salz, Pfeffer aus der Mühle
1 Prise gemahlener Koriander
2 Bio-Limetten
1/2 Bund Basilikum
2 TL Fenchelsamen
4 EL Olivenöl + Öl für die Grillkörbe und den Gitterrost

1 Den Holzkohlen- oder den Backofengrill anheizen. Letzteren aber erst, wenn die Fische gefüllt sind. Saiblinge waschen und trockentupfen. Die Fische innen und außen mit Salz und Pfeffer bestreuen. Innen auch mit etwas Koriander würzen.

2 Die Limetten heiß waschen und in dünne Scheiben schneiden. Die Basilikumblättchen von den Stängeln zupfen und mit Limettenscheiben und den Fenchelsamen in den Fischbäuchen verteilen.

3 Die Fische mit Olivenöl einpinseln. Die Grillkörbe oder den Gitterrost ebenfalls einölen. Die Fische in die Körbe spannen oder auf den Rost (mit einem Blech drunter) legen. Die Fische über der Glut oder unter den Grillschangen (immer etwa 10 cm Abstand) ungefähr 15 Minuten grillen, bis sie schön knusprig sind. Dabei immer mal umdrehen.

So viel Zeit muss sein: 15 Minuten
(+ 15 Minuten Grillzeit)
Das schmeckt dazu: knuspriges Weißbrot und ein gemischter Salat
Kalorien pro Portion: 295

Goldbrassen auf Paprika-Kartoffeln

Auf der Beilage gebacken – praktisch!

Reicht für 4:

800 g Kartoffeln (fest kochende Sorte)

2 rote Paprikaschoten

1 gelbe Paprikaschote

2 rote Zwiebeln

6 Sardellenfilets in Öl

je 5 Zweige Rosmarin und Thymian

6 EL Olivenöl

Salz, Pfeffer aus der Mühle

2 Goldbrassen (je 500–600 g)

2 EL Zitronensaft

4 Knoblauchzehen

4 Stängel Oregano

1 Backofen auf 200 Grad vorheizen (ohne Vorheizen: Umluft 180 Grad). Die Kartoffeln schälen, waschen und in etwa 1/2 cm dicke Scheiben schneiden. Die Paprikaschoten halbieren und das Innenleben und die Stiele entfernen. Schoten waschen und in größere Stücke oder Streifen schneiden.

2 Zwiebeln schälen und in breite Streifen schneiden. Sardellenfilets abtropfen lassen und fein schneiden. Rosmarin und Thymian abbrausen, trockenschütteln und grob zerschneiden. Alles mit Kartoffeln, Paprika und 4 EL Olivenöl in der Fettpfanne vom Backofen mischen, salzen und pfeffern. Gemüse im Ofen (Mitte) etwa 20 Minuten backen.

3 Fische waschen, trockentupfen, Haut und Fleisch leicht schräg mehrmals einschneiden. Fische innen und außen salzen und pfeffern, innen auch mit Zitronensaft beträufeln. Den Knoblauch schälen und in dünne Scheiben schneiden. Oregano abbrausen und trockenschütteln, die Blättchen abzupfen und mit dem Knoblauch in die Fischbäuche legen.

4 Das Gemüse auf dem Blech durchrühren, Fische darauf betten, mit dem übrigen Öl beträufeln. Alles wieder in den Ofen schieben und noch mal 30 Minuten backen.

So viel Zeit muss sein: 25 Minuten
(+ 50 Minuten Backzeit)
Das schmeckt dazu: knuspriges Weißbrot und ein gemischter Salat
Kalorien pro Portion: 535

Auch gut:

Einmal Wolfsbarsch, Red Snapper oder auch Makrelen nehmen. Die Paprika lassen sich ganz oder zum Teil durch Fenchel, Zucchini und/oder Staudensellerie austauschen.

Kräuter-Karpfen

Karpfen-Delight!

Reicht für 4 Karpfen-Fans:

1 Bio-Zitrone

4 Knoblauchzehen

1 große rote Zwiebel

je 6 Zweige Rosmarin und Thymian

2 Stängel Salbei

200 g Tomaten

1 Karpfen (1–1 1/2 kg)

Salz

Pfeffer aus der Mühle

4 EL Olivenöl

1/2 Bund Basilikum

1 Die Zitrone heiß waschen, die Schale dünn abschneiden und mittelfein hacken, den Saft auspressen. Den Knoblauch schälen und in feine Scheiben schneiden. Die Zwiebel schälen und klein würfeln. Die Kräuter abbrausen, trockenschütteln und fein hacken. Tomaten waschen oder überbrühen und die Haut abziehen. Tomaten in kleine Würfel schneiden, dabei die Stielansätze entfernen.

2 Den Backofen auf 200 Grad vorheizen (ohne Vorheizen: Umluft 180 Grad). Den Karpfen gut waschen und abtrocknen.

Die Haut und das Fleisch leicht schräg im Abstand von 3–4 cm einschneiden. Karpfen innen und außen mit Zitronensaft beträufeln und mit Salz und Pfeffer bestreuen.

3 Die Zitronenschale mit den Kräutern, dem Knoblauch und der Zwiebel mischen und die Hälfte davon in den Karpfenbauch füllen. Den Karpfen in die Fettpfanne vom Backofen oder in eine große ofenfeste Form legen. Übrige Kräutermischung mit den Tomaten und dem Olivenöl verrühren, über den Karpfen löffeln. Den Fisch im Ofen (Mitte) etwa 35 Minuten backen.

3 Die Basilikumblättchen von den Stängeln zupfen und in eine kleine Schüssel geben, auf den Tisch stellen. Den Kräuter-Karpfen mit der Sauce aus der Form servieren. Die Basilikumblättchen streut sich jeder selbst über seinen Fisch.

So viel Zeit muss sein: 25 Minuten (+ 35 Minuten Backzeit)
Das schmeckt dazu: Bratkartoffeln oder Brot und gemischter Salat
Kalorien pro Portion: 353

Auch gut:

Statt Karpfen schmeckt auf diese Art zubereitet ein großer Wolfsbarsch, eine Lachsforelle oder eine große Dorade ebenso fein.

Wolfsbarsch mit Knoblauch und Fenchel

Außen knusprig, innen saftig

Reicht für 4:

2 Fenchelknollen (etwa 400 g, mit Grün)
Salz
10 Knoblauchzehen
6 Zweige Rosmarin
4 kleinere Wolfsbarsche (je etwa 350 g)
2 EL Zitronensaft
Pfeffer aus der Mühle
6 EL Olivenöl
2 TL Fenchelsamen
50 ml trockener Weißwein (auch mal probieren: Noilly Prat)
2 EL Pastis (nach Belieben, Sambuca geht ebenfalls)

1 Den Fenchel waschen, Grün abtrennen und aufheben. Braune Stellen vom Fenchel abschneiden, Knollen vierteln und jeweils den Strunk heraustrennen. Den Fenchel in etwa 1/2 cm breite Streifen schneiden.

2 In einem Topf Wasser mit Salz aufkochen, den Fenchel darin offen 2 Minuten kochen lassen. Abgießen und den Sud dabei auffangen. Vom Sud 150 ml abmessen.

3 Den Knoblauch schälen und in (knapp 1 cm dicke Scheiben schneiden. Rosmarin waschen, trockenschütteln und in 2 cm lange Stücke schneiden. Die Fische waschen und trockentupfen. Innen mit 1 EL Zitronensaft beträufeln und innen und außen mit Salz und Pfeffer würzen.

4 Backofen auf 100 Grad einstellen (auch bei Umluft). In einer Pfanne 4 EL Öl erhitzen. Die Fische darin nacheinander (jeweils 2 auf einmal) pro Seite in 1–2 Minuten bei starker Hitze gut anbraten. Fische nebeneinander in die Fettpfanne vom Backofen legen.

5 Das übrige Öl in die Pfanne auf dem Herd gießen, den Fenchel mit den Fenchelsamen, dem Knoblauch und dem Rosmarin darin anbraten. Mit dem Weißwein, eventuell dem Pastis und mit dem Fenchelsud ablöschen. Mit Salz, Pfeffer und dem übrigen Zitronensaft würzen. Die Mischung neben und auf den Fischen verteilen, die Fische im Ofen (Mitte) in etwa 30 Minuten fertig garen.

So viel Zeit muss sein: 20 Minuten (+ 30 Minuten Backzeit)
Das schmeckt dazu: Bratkartoffeln oder Weißbrot
Kalorien pro Portion: 340

Meeres

Für Freischwimmer und Neugierige.

früchte

Für die einen sind sie die Abschlussprüfung beim Leistungskurs Fisch, für die anderen der Freischwimmer, mit dem ihre Entdeckung der Ozeane beginnt: Garnelen, Muscheln und Tintenfische.

Fangen wir mit den Freischwimmern an: Knoblauchgarnelen, Miesmuscheln in Wein, Calamari fritti – alles Urlaubsbekanntschaften, die man nicht vergessen kann. Hier steht, wie man sie richtig gut macht. Und wie man ihnen einen ganz neuen Dreh verpassen kann.

Nun zu den Leistungskurslern: gedämpfte Garnelen im Reisblatt, gegrillte Jakobsmuscheln mit Speck, geschmorter Oktopus mit Gemüsewürfeln. Auch alles drin in diesem Kapitel. Klingt richtig verlockend? Für euch auch, liebe Freischwimmer? Na dann, immer reingesprungen ins kalte Wasser.

Luxus für alle

Prärie Austern

Sagen wir mal so: Das ist was für Kenner. Etwa für Leute, die diesen ganz speziellen Schlürffaktor beim Austernessen schätzen, aber weit weg von allen Küsten tief in der Pärie leben. In den USA wurde das Rezept erfunden, na klar. Übrigens geht es um 'nen Drink (nicht um jenes texanische Gericht, für das Mann einen Stier braucht ...). Er wird direkt nach deftigem Essen und hartem Trinken oder am Morgen danach als Katerkiller empfohlen.

Für 1 Prärie Auster 1 TL Olivenöl in ein Cocktailglas geben und durch Drehen darin verteilen. 2 EL Tomatenketchup mit 1/2 TL Worcestersauce und 1 Spritzer Zitronensaft verrühren (wer's schärfer mag: noch 1 Spritzer Tabasco dazugeben). Das ins Glas füllen und – jetzt kommt's – 1 ganz frisches Eigelb darauf gleiten lassen. Darüber wird ein bisschen Paprikapulver und schwarzer Pfeffer gestreut (schärfer: Cayennepfeffer). Und runter damit! Auf einen Schluck, denn nur so stellt sich dieses besagte Gefühl ein. Es gibt übrigens auch ein Rezept mit echten Austern statt des Eigelbs. Die essen wir aber lieber so.

Fisch und ...

... sonstige Drinks?

Sekt, Wein, Wasser, Saft, Tee, Bier – das hatten wir. Aber was lässt sich noch zum Fisch trinken? Am besten, wir lassen uns geografisch inspirieren: in Nordfrankreich und Südengland mag man zum Fischtopf oder Bratfisch auch Cidre oder Cider, beides sollte möglichst trocken sein. In Skandinavien wird auch gerne ein Aquavit dazu genommen, so wie man in Osteuropa einen Wodka und in Ostasien einen Reiswein zum Fisch trinkt. Na ja, eigentlich trinkt man dort das zu allem, was es zu essen gibt. Wem das zu heftig ist, der kann sich das ja für danach aufheben. Vor einem Gericht mit Fisch ist neben Schaumweinen (siehe Seite 36) noch ein Sherry was Gutes. Auch der sollte schön trocken sein, denn Süßes passt nun mal nicht so zu Fisch – wie auch Milch.

Tante Ilse rät

Darf ich mit den Händen essen?

Liebe Tante Ilse,
was sagt der Knigge eigentlich zum Essen von diesem ganzen Meeresgetier – Garnelen, Muscheln und so? Muss ich das alles mit Messer und Gabel angehen, zum Beispiel wenn der (zukünftige) Chef mit am Tisch sitzt?
Patrick aus Köln

Tante Ilse rät:
Ach, der Knigge. So streng ist der nicht und rät im Zweifel zur eigenen Entscheidungsfreude. Etwa sich so etwas in kitzligen Situationen gar nicht zu bestellen. Hast du aber keine Wahl, solltest du tun, was du am besten kannst. Also Garnelen mit den Fingern schälen (Knigge erlaubt's), statt der Umgebung das Essen mit einem Massaker zu verderben. Oder zu Hause so lange mit Besteck üben, bis man das eben am besten kann. Im Zweifel warten, was der andere macht. Hockt der Chef ebenso hilflos vorm Teller (»Was habe ich da bloß bestellt?«), ist gemeinsames Lachen und Zugreifen die beste Lösung. Eine Erinnerung, die bleibt! Miesmuschel: bei der ersten das Fleisch mit der Gabel aus der Schale lösen, dann die Schale als Zange für alle weiteren nehmen. Die leeren Schalen kommen auf einen extra Teller. Austern: nach Wunsch mit Zitronensaft beträufeln, mit der Gabel behutsam von der Schale lösen und dann samt Meerwasser rausschlürfen.

Als Gastgeber hast du das sowieso selbst in der Hand – lege reichlich Servietten als Signal aus und greife als Erster zu. Wer dann trotzdem meint, das Besteck nehmen zu müssen, kann dann sogar stören ... Und: In Saucen, Ragouts oder zu Nudeln sehen Meeresfrüchte in der Schale zwar toll aus (ein paar zur Deko dürfen auch sein), aber vor allem Garnelen sind dann eine harte Prüfung für jeden Gast. Also sonst lieber vermeiden.

Unser liebstes Meerestier:

die Muschel

engl. clam, cockle, mussel, scallop;
franz. moule, coque, coquille; ital. cozza, capa santa, conchiglia di San Giacomo

+ weil sie viel besser schmeckt, als sie aussieht: voll nach Meer + weil sie ihr Aroma zu gerne weitergibt an Saucen und Suppen + weil ihr Sud so lecker ist + weil wir sie mit den Händen essen dürfen + weil mit ihr gleich alles wie Urlaub ist

Das ist sie:
+ wächst an Felsen, Sandbänken, Pfählen wild und gezüchtet + wird frisch nur lebend angeboten + gibt es auch tiefgefroren und eingelegt + die Miesmuschel: kommt schwarz-blau zu uns, vor allem aus Atlantik, Nord- und Ostsee sowie Mittelmeer + die Auster: Feinschmeckers Liebling; am bekanntesten sind die feine und sensible Europäische Auster und die robustere Pazifische Felsenauster, weltweit die Nr. 1 + die Venusmuschel: wächst weltweit, ist bei uns vor allem durch »Spaghetti vongole« bekannt + die Jakobsmuschel: schöne Schale (Tankstellen-Markenzeichen), hübsches rot-weißes Innere mit feinem Aroma

Da findet man sie:
+ im Topf in ihrem eigenen Sud, in Suppen, Saucen (Mies- und Venusmuscheln) + auf oder unter dem Grill in ihrer Schale (Austern, Mies- und Jakobsmuscheln) + auf Eis zum roh Genießen (bei uns vor allem Austern, in anderen Ländern auch Miesmuscheln/USA, Venus- oder Jakobsmuscheln/Japan u. a.)

Das mag sie:
+ Wein, Zitrussäfte, Sojasauce + Speck, Zwiebeln, Knoblauch, Ingwer + Dill, Estragon, Lorbeerblätter, Petersilie, Rosmarin, Thymian + Anis, Curry, Fenchel, Kümmel, Safran

Das ist nix:
+ zu viel Wärme beim Lagern + zu viel Sud + zu langes Garen + geschlossen bleiben nach dem Garen

Fischbrötchen **Nr. 6**

Jack's Mussel 'n' Crab Roll

Auf deutsch: Hansens Muschelkrabbenbrötchen. Das Brötchen wird längs halbiert, ausgehöhlt, aufgebacken und mit einem fixen Ragout gefüllt – sehr fein!

Wir brauchen für 1 Baguettebrötchen – reicht als Imbiss für zwei – 150 g naturell eingelegte Muscheln (aus dem Glas) und 50 g gepulte und gegarte Nordsee-Krabben. Das wird beides im Sieb kurz und kalt abgebraust. Dann 1 Frühlingszwiebel putzen, waschen und in Ringe schneiden.

Frühlingszwiebel 2 Minuten in 2 EL Butter dünsten. Mit 50 ml trockenem Weißwein ablöschen, 2 EL Crème fraîche reinrühren und alles cremig einkochen lassen. Darin nun Muscheln, Krabben, 1 TL scharfen Senf und 1 TL gehackten Dill sanft erhitzen und mit Salz würzen. Das Brötchen halbieren, etwas Krume herausholen, die Hälften im Ofen aufbacken (3 Minuten bei 200 Grad). 1/2 rote Zwiebel schälen und in feine Ringe schneiden. Das Ragout in die Hälften einfüllen, Zwiebelringe aufstreuen und servieren – mit Wein, Bier oder auch Wasser.

Frittierte Tintenfischringe mit Dip

Auch bekannt unter Calamari fritti!

Reicht für 4 zum Sattessen:

600–700 g schmale Tintenfischbeutel oder Tintenfischchen

Salz

1 Ei (Größe M)

75 g Mehl

1/8 l trockener Weißwein oder kohlensäurehaltiges Mineralwasser

3/4 l Öl zum Frittieren

Für den Avocado-Dip:

2 vollreife Avocados

1 Bio-Zitrone oder -Limette

1 rote Zwiebel

2 Knoblauchzehen

1/2 Bund Petersilie

1 Tomate

100 g gehäutete rote Paprikaschoten (aus dem Glas oder vom Feinkosthändler)

2 EL Olivenöl

1/2 TL Harissa (scharfe Paprikapaste)

Salz

1 Tintenfischbeutel waschen und eventuell putzen. In etwa 1 cm breite Ringe schneiden. Oder die kleinen Tintenfischchen waschen und ganz lassen. In einem größeren Topf Wasser zum Kochen bringen, salzen. Tintenfischringe oder Tintenfischchen ins Wasser legen und 1 1/2 Minuten (erst nach dem Aufkochen die Zeit stoppen) sprudelnd kochen lassen. In ein Sieb abschütten, kaltes Wasser drüberlaufen und dann abtropfen lassen.

2 Für den Teig das Ei trennen. Eigelb mit Mehl, 1 gestrichenen TL Salz und dem Wein oder Wasser mit dem Schneebesen glatt verrühren. Kurz stehen lassen.

3 Für den Dip die Avocados längs rundherum bis zum Kern einschneiden. Hälften gegeneinander drehen und ablösen. Kerne mit der Messerspitze herausheben, das Fruchtfleisch aus den Schalen löffeln. Zitrone oder Limette heiß waschen und die Hälfte der Schale fein abreiben, den Saft auspressen. Saft und Schale zu den Avocados geben, mit einer Gabel sehr fein zerdrücken.

4 Die Zwiebel und den Knoblauch schälen und fein hacken. Die Petersilie abbrausen, trockenschütteln und fein schneiden. Die Tomate waschen und klein würfeln, dabei den Stielansatz wegschneiden. Die Paprika ebenfalls klein würfeln. Alles mit dem Olivenöl und dem Harissa unter das Avocadopüree rühren und mit Salz abschmecken.

5 Für den Teig das Eiweiß steif schlagen und unter den Teig heben. Das Öl in einem weiten Topf oder im Wok gut heiß werden lassen. Den Backofen auf 80 Grad (auch schon jetzt: Umluft 60 Grad) stellen.

6 Tintenfischringe oder die Tintenfischchen in den Teig legen und gut durchmischen. Portionsweise mit einer Gabel aus dem Teig angeln und in das heiße Fett geben. Tintenfisch etwa 3 Minuten frittieren, bis er schön knusprig und braun ist. Mit dem Schaumlöffel rausfischen, auf einen Teller legen, der mit einer richtig dicken Lage Küchenpapier abgedeckt ist, und im Ofen warm halten. Nach und nach restlichen Tintenfisch backen. Wenn alles fertig ist, mit dem Dip essen.

So viel Zeit muss sein: 45 Minuten
Das schmeckt dazu: Limetten- oder Zitronenschnitze, Weißbrot und gemischter Salat
Kalorien pro Portion: 465

Tintenfisch mit Currysauce

Thai-Import

Reicht für 4:

600 g Tintenfischbeutel oder Tintenfischchen
Salz
250 g Zuckerschoten
1 Bund Frühlingszwiebeln
200 g Cocktailtomaten
1 Stück frischer Ingwer (etwa 2 cm)
2 Knoblauchzehen
2 EL Öl
1 Dose Kokosmilch (400 ml Inhalt)
1–1 1/2 EL Currypaste (rot oder grün)
3 EL Limettensaft
Korianderblättchen zum Garnieren

1 Tintenfischbeutel waschen und eventuell putzen (siehe Seite 23). Dann in knapp 1 cm breite Streifen schneiden. Oder die Tintenfischchen waschen und ganz lassen. In einem größeren Topf Wasser zum Kochen bringen, salzen. Den Tintenfisch ins Wasser legen, 1 1/2 Minuten (erst nach dem Aufkochen die Zeit stoppen) sprudelnd kochen lassen. In ein Sieb abschütten und kaltes Wasser drüberlaufen lassen. Abtropfen lassen.

2 Zuckerschoten waschen und die Enden abschneiden. Von den Frühlingszwiebeln die Wurzelbüschel und die welken Teile abschneiden. Zwiebeln waschen und in 5 cm lange Stücke schneiden, diese längs halbieren oder vierteln. Die Tomaten waschen, je nach Größe ganz lassen oder halbieren. Den Ingwer und den Knoblauch schälen und fein würfeln.

3 Das Öl im Wok oder in einer großen Pfanne erhitzen. Zuckerschoten, Zwiebeln, Ingwer und Knoblauch einrühren und bei starker Hitze 4–5 Minuten braten. Dabei immer rühren.

4 Gemüse zur Seite schieben, Tintenfisch in der Wok- oder Pfannenmitte braten, bis er braun wird, dann mit dem Gemüse mischen. Kokosmilch mit Currypaste gut unterrühren, mit Limettensaft und Salz würzen und offen 2–3 Minuten köcheln lassen.

5 Die Tomaten untermischen und in etwa 1 Minute erwärmen. Abschmecken und vor dem Servieren die Korianderblättchen aufstreuen.

So viel Zeit muss sein: 40 Minuten
Das schmeckt dazu: Reis
Kalorien pro Portion: 355

Gefüllte Tintenfische

Gemüse & Co. nett verpackt

Reicht für 4:

800 g mittelgroße Tintenfischbeutel

350 g Kartoffeln (vorwiegend fest kochende Sorte), 1 rote Paprikaschote

1/2 Bund Oregano, 2 Knoblauchzehen

1 getrocknete Chilischote

4 Sardellenfilets in Öl

3–4 EL Semmelbrösel, Salz

etwas frisch geriebene Muskatnuss

4 EL Olivenöl

1/4 l trockener Weißwein (auch gut: Fischfond, dann aber etwas Zitronensaft mit untermischen)

Zahnstocher zum Verschließen

1 Die Tintenfischbeutel waschen und eventuell putzen. 200 g Tintenfische in kleine Würfel schneiden. Die Kartoffeln schälen, waschen und fein raspeln. Die Paprikaschote halbieren, Stiel und Trennhäutchen mit den Kernen rauszupfen, waschen. Die Schote in winzige Würfel schneiden.

2 Den Oregano abbrausen und trockenschütteln, die Blättchen abzupfen. Knoblauch schälen. Oregano und Knoblauch mit Chili und abgetropften Sardellenfilets fein hacken.

3 Kartoffelraspel mit Paprika, Oreganomischung, Tintenfischwürfeln und Semmelbröseln verrühren und mit Salz und Muskat abschmecken. Die Mischung in die übrigen ganzen Tintenfischbeutel füllen (nicht zu fest reinstopfen) und die Öffnungen mit Zahnstochern zustecken. Beutel außen salzen.

4 Öl in einem weiten Topf erhitzen, Tintenfischbeutel reinlegen und von allen Seiten bei starker Hitze gut anbraten. Den Wein angießen, die Hitze klein schalten und den Deckel auflegen. Die Tintenfischbeutel 35–40 Minuten vor sich hin schmurgeln lassen, bis sie weich sind. Zwischendurch mal nachschauen, ob noch genug Flüssigkeit im Topf ist. Falls nicht, Wein, Fischfond oder Wasser nachgießen.

So viel Zeit muss sein: 30 Minuten (+ 40 Minuten Schmorzeit)
Das schmeckt dazu: Zitronenschnitze, Salat und Brot
Kalorien pro Portion: 360

Auch gut:

Eingeweichtes altbackenes Brot oder im Ofen gebackene und geschälte Auberginen statt Kartoffeln nehmen.

Geschmorter Oktopus

Braucht seine Zeit

Reicht für 4:

1 Oktopus (1,2 kg)

1 Bio-Zitrone

1 1/2 getrocknete Chilischoten

2 Lorbeerblätter, Salz

2 Möhren, 2 Stangen Staudensellerie

4 Schalotten, 4 Knoblauchzehen

400 g Tomaten, 4 EL Olivenöl

ungefähr 300 ml trockener Rotwein

1 TL Zucker, 1/4 Bund Petersilie

1 Den Oktopus waschen und in einen Topf legen. Zitrone heiß waschen und in Scheiben schneiden. Mit der ganzen Chilischote (im Mörser vorher leicht andrücken) und den Lorbeerblättern zum Oktopus geben und so viel Wasser in den Topf schütten, dass der Oktopus davon bedeckt ist. Aufkochen und salzen, bei schwacher Hitze etwa 40 Minuten leicht vor sich hin köcheln lassen.

2 Die Möhren schälen, den Sellerie waschen und die Enden abschneiden. Beides nicht zu fein würfeln. Schalotten schälen und in Ringe schneiden. Den Knoblauch schälen und in

Scheiben schneiden. Chilihälfte zerkrümeln. Aus den Tomaten die Stielansätze herausschneiden. Tomaten mit kochendem Wasser begießen, kurz ziehen lassen, abschrecken und häuten. Tomaten klein würfeln.

3 Den Oktopus abgießen und unter den kalten Wasserstrahl halten. Die violette dünne Haut unter dem Wasser mit den Fingern »abschrubben«. Oktopus abtropfen lassen, die Fangarme in 2 cm große Stücke schneiden. Die weichen Teile vom Körper abschneiden und in Würfel schneiden.

4 Das Öl in einem Topf erhitzen. Möhren, Sellerie, Schalotten, Knoblauch und zerkrümelte Chili darin bei starker Hitze anbraten. Tomaten mit Wein dazugeben, mit Zucker und Salz würzen. Oktopus untermischen, Hitze auf mittlere Stufe schalten, Deckel auflegen und den Oktopus etwa 20 Minuten schmoren, bis Gemüse und Oktopus schön weich sind. Immer mal durchrühren und nachschauen, ob noch genügend Flüssigkeit im Topf ist. Notfalls Wein oder Wasser nachgießen.

5 Petersilie abbrausen, trockenschütteln und fein hacken. Oktopus abschmecken und vor dem Essen die Petersilie aufstreuen.

So viel Zeit muss sein: 30 Minuten
(+ 1 Stunde Garzeit)
Das schmeckt dazu: knuspriges Weißbrot
Kalorien pro Portion: 380

Tintenfisch-spieße vom Grill

Super einfach und lecker

Reicht für 4 sommerlich Gestimmte:

600 g Tintenfischchen
je 2 Zweige Rosmarin und Thymian
4 Salbeiblättchen
4 Knoblauchzehen, 2 EL trockener Sherry
1 EL Zitronensaft, 2 TL Honig
4 EL Olivenöl, 12 Champignons
12 kleine rote oder weiße Zwiebeln
(Frühlingszwiebeln gehen auch)
1 kleine Aubergine, 1 kleiner Zucchino
16 Cocktailtomaten
Salz, Pfeffer aus der Mühle
12 Grillspieße aus Metall oder Holz
(die aus Holz vorher wässern, damit sie nicht zu brennen anfangen)

1 Die Tintenfischchen waschen und in eine Schüssel legen. Kräuter abbrausen, trockenschütteln und fein hacken. Den Knoblauch schälen und durchpressen. Mit Kräutern, Sherry, Zitronensaft, Honig und 2 EL Olivenöl verrühren und unter die Tintenfischchen mischen. Abgedeckt in den Kühlschrank stellen und 12–24 Stunden ziehen lassen, dabei ab und zu mal durchrühren.

2 Dann Pilze mit feuchtem Küchenpapier abreiben, Stielenden abschneiden. Zwiebeln schälen und halbieren. Aubergine und Zucchino waschen, die Enden abschneiden. Zucchino in gut 1 cm breite Scheiben, Aubergine in etwa 2 cm große Würfel schneiden. Die Tomaten waschen. Gemüse mit übrigem Öl mischen und mit Salz und Pfeffer würzen.

3 Abwechselnd Gemüse und Tintenfischchen auf die Spieße stecken. Holzkohlen- oder Backofengrill anheizen. Die Spieße auf dem Rost über der Glut oder unter den Grillschlangen (immer etwa 10 Abstand) ungefähr 15 Minuten grillen, bis sie gar und gebräunt sind. Dabei immer mal wieder umdrehen und die Spieße auf dem Holzkohlengrill mit etwas Fischmarinade bepinseln.

So viel Zeit muss sein: 35 Minuten
(+ 12–24 Stunden Marinierzeit
+ 15 Minuten Grillzeit)
Das schmeckt dazu: Weißbrot, Zitronenschnitze und Blattsalat
Kalorien pro Portion: 240

Auch gut:

Tintenfisch und Gemüse auf lange Rosmarinzweige spießen, die Nadeln vorher abzupfen.

Pikante Knoblauchgarnelen

Rasant gemacht

Reicht für 4 mit normalem Hunger
oder für 6–8 als Vorspeise:

1/2 Bio-Zitrone
1/2 Bund Thymian
6 Knoblauchzehen
1 Chilischote
600 g rohe Garnelen
6 EL Olivenöl
Salz

1 Die Zitronenhälfte heiß waschen und die Schale dünn abschälen und in sehr feine Streifen schneiden. Oder ganz klein hacken. Thymian abbrausen und trockenschütteln, Blättchen von den Zweigen streifen, entgegen der Richtung, in die sie wachsen. Den Knoblauch schälen und in ganz dünne Scheiben schneiden. Chilischote waschen, den Stiel abschneiden, die Schote mit den Kernen in feine Ringe schneiden.

2 Garnelen aus den Schalen brechen, am Rücken leicht einschneiden und den dunklen, fadenförmigen Darm mit Hilfe der Messerspitze herausziehen. Die Garnelen waschen und mit Küchenpapier trockentupfen.

3 Das Olivenöl in einer Pfanne nur warm, keinesfalls zu heiß werden lassen. Thymian, Knoblauch und Chili einrühren und kurz andünsten. Den Knoblauch dabei nicht zu braun werden lassen, sonst schmeckt er bitter. Wenn er doch zu dunkel werden beginnt, die Pfanne mal kurz vom Herd ziehen.

4 Garnelen mit der Zitronenschale ins Öl legen und braten, bis sie sich rot färben – das dauert nur 1–2 Minuten. Und umdrehen nicht vergessen. Salzen und fertig sind die Garnelen!

So viel Zeit muss sein: 20 Minuten
Das schmeckt dazu: Weißbrot
Kalorien pro Portion (bei 8 Portionen): 125

Auch gut:

Statt Garnelen mal Rotbarbenfilets oder Red-Snapper-Filets oder Sardinen (ohne Mittelgräte) nehmen. Rotbarbe und Red Snapper nur auf der Hautseite kräftig braten.

Garnelen im Reisblatt

Aus dem Dampf

Reicht für 4:

8 runde Reispapierblätter (20 cm Ø)
16 Chinakohlblätter, Salz, 8 Stängel Minze
4 Frühlingszwiebeln, 1/2 Bio-Limette
16 große rohe Garnelen (etwa 500 g)
1/2 TL Currypulver
1/2 l Fischfond, 100 ml Kokosmilch
1 TL Sambal oelek, 1 TL Zucker

1 Vier bis sechs Küchentücher nass machen und auswringen. Die Arbeitsfläche mit der Hälfte der Tücher auslegen (die Fläche muss so groß sein, dass die Reisblätter nebeneinander darauf Platz haben). Die Reispapierblätter nacheinander ins Wasser tauchen, auf die Tücher legen und mit den anderen Tüchern abdecken. Liegen lassen, bis der Rest vorbereitet ist.

2 Chinakohlblätter waschen, untere Enden abtrennen und die dickeren Rippen flach schneiden. Salzwasser aufkochen und die Blätter einlegen. Etwa 1/2 Minute kochen lassen, bis die Blätter biegsam sind. Dann vorsichtig in ein Sieb abschütten und kalt abbrausen.

3 Minze abbrausen und trockenschütteln. Die Blättchen abzupfen, ein paar weglegen, den Rest fein schneiden. Von den Frühlingszwiebeln die Wurzelbüschel und die welken Teile abschneiden. Zwiebeln waschen und in 5 cm lange Stücke, dann der Länge nach in Streifen schneiden. Limette heiß waschen und die Schale fein abreiben, den Saft auspressen. Garnelen aus den Schalen brechen, am Rücken leicht einschneiden und den Darm herausziehen. Die Garnelen waschen und mit Küchenpapier trockentupfen.

4 Jeweils 1 Reisblatt aufdecken, mit 2 Chinakohlbättern belegen und mit etwas Minze und Frühlingszwiebeln bestreuen. Garnelen salzen und mit Curry und Limettenschale würzen. Jeweils 2 Garnelen auf ein Blatt legen und darin einwickeln. Päckchen nebeneinander in den Dämpfeinsatz (am besten aus Bambus) legen. Gut die Hälfte des Fischfonds in einem Topf oder Wok aufkochen.

5 Dämpfeinsatz über den heißen Dampf stellen und die Päckchen zugedeckt etwa 8 Minuten dämpfen. Dabei etwa nach der Hälfte der Zeit übrigen Fond angießen. Dann Einsatz herausheben, Kokosmilch unter den Sud rühren, mit Sambal, Zucker, Limettensaft und Salz abschmecken. Päckchen auf Teller legen und etwas Sud darüber löffeln.

So viel Zeit muss sein: 50 Minuten
Das schmeckt dazu: Reis oder Brot
Kalorien pro Portion: 200

Krabbenküchlein mit Ricotta

Die schmecken auch kalt gut

Reicht für 4:

1 altbackenes Vollkornbrötchen
250 g gepulte Krabben (oder auch mal Garnelen nehmen)
2 Frühlingszwiebeln
2 Knoblauchzehen
1/2 Bund Basilikum
1 EL Kapern
250 g frischer Ricotta
2 Eier (Größe M)
Salz, Cayennepfeffer
3 EL Butterschmalz
einige Zitronenschnitze zum Garnieren

1 Das Vollkornbrötchen in eine Schüssel legen und mit lauwarmem Wasser bedecken. Etwa 10 Minuten stehen lassen.

2 In der Zeit die Krabben ganz fein hacken. Von den Frühlingszwiebeln Wurzelbüschel und welke grüne Teile abschneiden. Zwiebeln waschen und fein hacken. Knoblauch schälen und auch ganz fein schneiden. Basilikumblättchen von den Stängeln abzupfen und in kleine Stücke hacken. Die Kapern klein schneiden.

3 Das Brötchen ausdrücken und fein zerpflücken. Mit Ricotta und den Eiern in eine Schüssel füllen. Krabben, Zwiebeln, Knoblauch, Basilikum und Kapern dazugeben, alles kräftig salzen und mit Cayennepfeffer würzen. Die Masse sehr gründlich mit dem Kochlöffel durchrühren.

4 Das Butterschmalz in einer Pfanne (oder gleich in zwei) heiß werden lassen. Von der Krabbenmasse mit einem Esslöffel etwas Teig abnehmen, in das Butterschmalz setzen und leicht flach drücken. Bei mittlerer Hitze etwa 4 Minuten braten, mit dem Pfannenwender ablösen, umdrehen und noch einmal etwa 4 Minuten braten. Die Küchlein auf eine vorgewärmte Platte legen und am Rand die Zitronenschnitze verteilen.

So viel Zeit muss sein: 25 Minuten
Das schmeckt dazu: Bratkartoffeln oder Brot und Blattsalat
Kalorien pro Portion: 335

Auch gut:

Obwohl es ihn inzwischen fast überall zu kaufen gibt, es muss nicht unbedingt Ricotta sein. Alternativen sind Frischkäse oder auch mal gut abgetropfter Quark.

Muscheln mit Tomatensauce

Da gibt's was zu tunken

Reicht für 4:

600 g Tomaten, 2 Möhren

2 Stangen Staudensellerie

2 Zwiebeln, 4 Knoblauchzehen

2 EL Olivenöl, 1/8 l trockener Rotwein

Salz, Pfeffer aus der Mühle

1 Prise Zucker oder 1/2 TL Honig

3 kg Miesmuscheln

1 kleines Bund gemischte Kräuter

3/8 l trockener Weißwein

1 Aus den Tomaten die Stielansätze herausschneiden. Tomaten mit kochendem Wasser übergießen und kurz ziehen lassen. Kalt abschrecken, häuten und klein würfeln. Möhren schälen, den Sellerie waschen und putzen, beides ganz fein schneiden. Zwiebeln und Knoblauch schälen und fein hacken.

2 Das Öl in einem Topf erwärmen. Möhren, Sellerie, Zwiebeln und Knoblauch einrühren und bei mittlerer Hitze andünsten. Tomaten dazugeben, den Rotwein angießen, mit Salz, Pfeffer und Zucker oder Honig würzen.

3 Tomaten offen 20–25 Minuten bei kleiner Hitze vor sich hin schmurgeln lassen, bis sie sämig werden. Zwischendurch durchrühren. In der Zeit Muscheln waschen, geöffnete aussortieren und wegwerfen. Die Kräuter abbrausen und trockenschütteln, ein paar Blättchen abzupfen und fein hacken, die übrigen Kräuter mit den Stängeln grob schneiden.

4 Grob geschnittene Kräuter in einen weiten Topf legen, Weißwein drübergießen. Salzen und aufkochen. Muscheln in den kochenden Wein legen, Deckel auflegen und die Muscheln bei starker Hitze 3–5 Minuten kochen, bis sie sich öffnen. Den Topf dabei ein- bis zweimal rütteln, damit die Muscheln gleichmäßig Hitze abkriegen. Topf aufmachen und alle geschlossenen Muscheln aussortieren.

5 Gehackte Kräuter unter die Tomatensauce rühren. Muscheln aus dem Sud heben und mit der Sauce in einer Schüssel mischen. Wenn die Tomatensauce zu sehr eingekocht ist, ein bisschen Muschelsud mitmischen.

So viel Zeit muss sein: 1 Stunde
Das schmeckt dazu: Weißbrot zum Tunken
Kalorien pro Portion: 235

Auch gut:

Die Sauce zur Abwechslung mal mit Chili schärfen, mit Oliven oder Kapern verfeinern oder statt Möhren und Sellerie vielleicht Paprika und Zucchini nehmen.

Muscheln in Bier-Senf-Sauce

Ganz ohne Pul-Stress

Reicht für 4:

3 kg Miesmuscheln

1/2 Bund Dill

1/2 l Bier

2 Lorbeerblätter

1 TL Wacholderbeeren

Salz

150 g Crème fraîche

1 EL scharfer Senf

Pfeffer aus der Mühle

1 Die Muscheln waschen, alle geöffnete Muscheln aussortieren und wegwerfen. Den Dill abbrausen und trockenschütteln. Die Spitzen abzupfen und beiseite legen, die Stängel grob schneiden.

2 Die Dillstängel mit Bier, Lorbeerblättern, Wacholderbeeren und wenig Salz (sonst wird der Sud später beim Einkochen zu salzig!) in einem Topf zum Kochen bringen.

3 Die Hälfte der Muscheln in den Topf schütten, Deckel drauf und die Muscheln bei starker Hitze 3–5 Minuten kochen, bis sie sich öffnen. Den Topf dabei ein- bis zweimal rütteln. Dann die Muscheln mit dem Schaumlöffel aus dem Sud in ein Sieb mit einer Schüssel drunter heben.

4 Die zweite Muschelportion genauso kochen. Diesmal die Muscheln ins Sieb schütten, Sud in der Schüssel auffangen. Geschlossene Muscheln aussortieren und wegwerfen. Bei den übrigen Muscheln das Fleisch aus den Schalen lösen (wer mag, lässt ein paar für die Deko in der Schale).

5 Den Biersud in einen Topf füllen und bei starker Hitze in ungefähr 20 Minuten auf die Hälfte einkochen lassen. Crème fraîche und Senf unterrühren, die Sauce mit Salz und Pfeffer abschmecken. Muscheln einrühren und wieder warm werden lassen. Die Sauce soll aber nicht mehr stark kochen. Beiseite gelegte Dillspitzen fein hacken und vor dem Servieren untermischen.

So viel Zeit muss sein: 40 Minuten
(+ 20 Minuten Einkochzeit)
Das schmeckt dazu: Salzkartoffeln oder Kartoffelwedges aus dem Ofen
Kalorien pro Portion: 215

Gefüllte gratinierte Muscheln

Konkurrenz für den Italo-Klassiker

Reicht für 4 mit normalem Hunger oder 6–8 als Vorspeise:

2 kg Miesmuscheln, 1/2 l Fischfond
50 ml Sake (Reiswein), Salz
2 Scheiben Toastbrot, 4 Frühlingszwiebeln
2 Stängel Zitronengras, 1/2 grüne Chilischote
1 Stück frischer Ingwer (etwa 2 cm)
2 Knoblauchzehen
1/4 Bund Koriander oder Thai-Basilikum
1 Ei (Größe M), 2 EL Butter

1 Muscheln waschen, geöffnete Muscheln aussortieren und wegwerfen. Fischfond mit Sake und Salz in einem weiten Topf zum Kochen bringen. Die Muscheln in die heiße Flüssigkeit werfen, Deckel auflegen und die Muscheln 3–5 Minuten kochen lassen. In ein Sieb gießen, dabei den Sud auffangen. Muscheln, die jetzt geschlossen sind, wegwerfen. Von den übrigen Muscheln jeweils die leere Schalenhälfte ablösen. Die Schalen mit dem Muschelfleisch nebeneinander in die Fettpfanne vom Backofen legen.

2 Den Backofen auf 220 Grad vorheizen (auch schon jetzt: Umluft 200 Grad). Vom Toastbrot die Rinde abschneiden, das Brot mit 1–2 Schöpfern Muschelsud begießen und weich werden lassen.

3 Frühlingszwiebeln putzen, waschen, sehr fein hacken. Vom Zitronengras die Enden abschneiden und die äußere Schicht ablösen. Zitronengras ganz fein hacken. Chili waschen und hacken. Ingwer und Knoblauch schälen und auch hacken. Kräuter abbrausen und trockenschütteln, ein paar Blättchen beiseite legen, die übrigen fein hacken.

4 Brot ausdrücken und fein zerpflücken. Zwiebeln, Zitronengras, Chili, Ingwer und Knoblauch mit gehackten Kräutern und dem Ei untermischen und mit Salz würzen. Die Mischung auf dem Muschelfleisch in den Schalenhälfte verteilen und mit je 1 kleinen Butterstückchen belegen. Im Ofen (Mitte) etwa 15 Minuten backen, bis die Brothaube leicht braun ist. Sofort essen!

So viel Zeit muss sein: 45 Minuten
(+ 15 Minuten Backzeit)
Das schmeckt dazu: Gurkensalat oder grüner Bohnensalat mit Chilidressing
Kalorien pro Portion (bei 8 Portionen): 80

Tipp:
Der Fond ist zu schade zum wegschütten. Mit Glasnudeln als Suppe essen!

Jakobsmuscheln im Speckmantel

Feinkost auf die Schnelle

Reicht für 4:

1 kleines Bund Rucola

1/2 Bio-Limette

1 EL Haselnuss- oder Walnussöl

Pfeffer aus der Mühle

8 Scheiben roh geräucherter Schinken oder

16 Scheiben würziger Speck

8 ausgelöste Jakobsmuscheln (je etwa 70 g)

Salz

eventuell Zahnstocher

Limettenspalten zum Servieren

1 Vom Rucola die dicken Stiele abknipsen, alle welken Blätter aussortieren. Den Rucola waschen und trockenschleudern, dann fein hacken. Limette heiß waschen, Schale fein abreiben. Rucola mit Limettenschale, Nussöl und Pfeffer verrühren. Schinkenscheiben auf der Arbeitsplatte ausbreiten. Oder jeweils 2 Speckscheiben nebeneinander legen und an den Längsseiten leicht überlappen lassen. Rucolamischung auf den Scheiben verteilen.

2 Jakobsmuscheln waschen und abtupfen, ganz leicht salzen und pfeffern. Jeweils 1 Muschel in den Schinken oder Speck einwickeln. Falls nötig, die Schinkenenden mit Zahnstochern feststecken.

3 Den Holzkohlen- oder den Backofengrill anheizen. Jakobsmuscheln auf dem heißen Rost über der Glut (10 cm Abstand) pro Seite 2–3 Minuten grillen. Oder auf dem Rost unter die Grillschlangen in den Ofen schieben (ca. 10 cm Abstand) und ebenfalls 2–3 Minuten pro Seite grillen. Mit den Limettenspalten auf vorgewärmte Teller legen und servieren.

So viel Zeit muss sein: 20 Minuten
Das schmeckt dazu: Salat und ofenfrisches knuspriges Weißbrot
Kalorien pro Portion: 465

Varianten:

Gebratene Jakobsmuscheln

Die Jakobsmuscheln salzen und pfeffern. In einer Pfanne 2 EL Butter mit 1 EL Öl schmelzen. Die Muscheln einlegen und pro Seite bei starker Hitze 1 Minute braten. Dabei mit einem Pfannenwender immer wieder ein bisschen nach unten drücken, damit die Muscheln schön braun werden. Auf vorgewärmte Teller legen. Bratsatz mit 1/8 l Sherry oder Weißwein ablöschen, 2 EL Butter und 1 EL gehackte Petersilie untermischen, über die Muscheln gießen.

Gedämpfte Jakobsmuscheln

Die Jakobsmuscheln salzen und pfeffern, in einen Dämpfeinsatz legen. 2 Frühlingszwiebeln putzen, waschen und in Streifen schneiden. 1 Stück frischen Ingwer (2 cm) schälen und in dünne Scheiben schneiden. Beides über die Muscheln streuen. Im Topf 1/4 l Asia- oder Fischfond zum Kochen bringen. Muscheln im Einsatz darüber stellen und zugedeckt bei mittlerer Hitze etwa 5 Minuten dämpfen. Auf vorgewärmten Tellern warm halten. Sud einkochen lassen, mit 1–2 EL Sojasauce abschmecken und über die Muscheln gießen. Mit frischen Koriander- oder Basilikumblättchen garnieren.

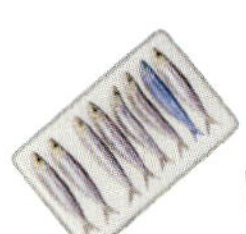

Basic Tipp

Wer die Muscheln nur mit Schale bekommt, muss sie selber auslösen und putzen. Das geht ganz einfach und kann auf Seite 22 nachgelesen werden.

Register von A - Z

Damit Sie Rezepte mit bestimmten Zutaten – vor allem mit **Fischen** und **Meeresfrüchten** – noch schneller finden, stehen diese Zutaten hervorgehoben über den entsprechenden Rezepten und Rezepten mit anderen Meerestieren, in denen sie eine gute Alternative zu dem im Titel angegebenen Fisch sind.

Impressum

Cornelia Schinharl, Top-Kochbuchautorin bei GU, nicht nur bei den Basics. Ihre Rezepte bringen immer ganz schnell und leicht Glanz in die Küche und diese hier ganz besonders.
cornelia.schinharl@t-online.de

Sebastian Dickhaut Koch, Buchautor, Journalist und Foodblogger in einer Person. Im Fish Basics beweist er wieder seinen feinen Sinn fürs Grundsätzliche (siehe Know-how-Teil, Spezialrezepte, Magazin).
info@sebastian-dickhaut.de
www.rettet-das-mittagessen.de
www.küchengötter.de

Die Models: Wieder mal das Ur-Basic-Team mit Janna Sälzer, Gabie Schnitzlein, Markus Röleke und Annika Möller.

Sebastian Dickhaut **Sabine Sälzer**	Idee & Konzept der Reihe
Doris Birk	Programmleitung
Birgit Rademacker	Leitende Redakteurin
Sigrid Burghard	Projektleitung, Redaktion, Bildredaktion
Redaktionsbüro **Christina Kempe**	Lektorat, Satz/DTP, Gestaltung
Petra Bachmann	Schlusskorrektur
Barbara Bonisolli **Claudia Juranits** **Hans Gerlach** **Alexander Kühn**	Foodfotografie Mitarbeit im Studio Foodstyling Assistenz Foodstyling
Alexander Walter **Florian Peljak** **Sigrid Burghard**	Peoplefotografie Fotoassistenz Food, Requisite & Styling
Thomas Jankovic	Gestaltung & Layout, Illustrationen
Susanne Mühldorfer	Herstellung
Repro: **Druck & Bindung:**	Repro Ludwig Druckhaus Kaufmann, Lahr
Syndication:	www.jalag-syndication.de

ISBN 978-3-8338-0077-1
8. Auflage 2012

Ein herzliches Dankeschön sagen wir ...

Thomas Willinger, der uns trotz Wochenendgeschäft in seinem Fischladen am Münchner Elisabethmarkt (Stand 15) fotografieren ließ.

Brigitte Huber (Fischerei Silvester und Brigitte Huber, Ammerland am Starnberger See), die nicht nur viel Interessantes über Fisch erzählt, sondern auch das Filetieren demonstriert hat.

der Keramikerin **Petra Fischer,** die uns originelle Fisch-Requisiten aus ihrer Sammlung fürs Fotoshooting überlassen hat.

Janna und **Utsi,** die uns ihre Wohnung fürs Peopleshooting zur Verfügung stellten.

Und unserem »Engel« **Christa Schmedes,** die fürs Peopleshooting nicht nur eingekauft, gekocht und gestylt, sondern uns auch mit leckerem Tunfischsugo und Süßem verwöhnt hat.

Rezept auf der Rückseite:
Kichererbsensalat mit Ölsardinen, Seite 47

Bildnachweis:

Barbara Bonisolli: alle Rezeptfotos und Motive mit Handgriffen oder Produkten auf S. 8 (Fischgräte, Fischstäbchen, Dosenfisch, Rollmops), 9 (Küchenuhr, Plastikfischchen), 16, 17, 18, 19, 20, 21, 22, 23, 24, 26, 27, 28, 30, 31, 34, 37, 128, Umschlag-Rückseite unten rechts

Alexander Walter: alle Peoplefotos und alle Motive mit Handgriffen (außer S. 16 bis 31) inklusive Aufmacher und Rezeptfotos mit Models. Weitere Fotos auf S. 2, 8 (Angler, Steckerlfisch, Pärchen), 9 (Wasser, Angler, Fische auf Eis, Fische auf Felsen), 12, 13, 14, 29, 49 rechts, 63 links, 68 Mitte, 71 links u. rechts, 73 links u. rechts, 76, 79, 81 links, 82 Mitte, 83 rechts, 84 Mitte, 85 links, 87 links u. rechts, 92 Mitte, 99, 101 links, 102 Mitte, 103 rechts, 106 Mitte, 107 links, 109 links, 110, 113, 117 links, 120 Mitte, 121 links, 123 rechts, 129, 131, 133 links, 135 links, 137 links, Impressum, Umschlag-Rückseite unten links u. oben rechts

Axel, der Peoplefotograf, selbst begeisterter Angler und Fischesser und stolz auf seinen Bonito.

Peter von Felbert: S.36, 54, 78, 96, 112

Thomas Jankovic: Coverfoto, Fischfilets auf der hinteren Klappe außen und alle Illustrationen

Foodfoto Teubner, Füssen: Fische auf der vorderen und hinteren Klappe

iPUBLISH GmbH, GANSKE INTERACTIVE PUBLISHING: Kartographie Innenklappe vorne

Unsere Garantie

Alle Informationen in diesem Ratgeber sind sorgfältig und gewissenhaft geprüft. Sollte dennoch einmal ein Fehler enthalten sein, schicken Sie uns das Buch mit dem entsprechenden Hinweis an unseren Leserservice zurück. Wir tauschen Ihnen den GU-Ratgeber gegen einen anderen zum gleichen oder ähnlichen Thema um.

Liebe Leserin und lieber Leser,

wir freuen uns, dass Sie sich für ein GU-Buch entschieden haben. Mit Ihrem Kauf setzen Sie auf die Qualität, Kompetenz und Aktualität unserer Ratgeber. Dafür sagen wir Danke! Wir wollen als führender Ratgeberverlag noch besser werden. Daher ist uns Ihre Meinung wichtig. Bitte senden Sie uns Ihre Anregungen, Ihre Kritik oder Ihr Lob zu unseren Büchern. Haben Sie Fragen oder benötigen Sie weiteren Rat zum Thema? Wir freuen uns auf Ihre Nachricht!

Wir sind für Sie da!
Montag–Donnerstag: 8.00–18.00 Uhr;
Freitag: 8.00–16.00 Uhr
Tel.: 0180–5005054*
Fax: 0180–5012054*
E-Mail: leserservice@graefe-und-unzer.de

*(0,14 €/Min. aus dem dt. Festnetz/ Mobilfunkpreise maximal 0,42 €/Min.)

PS: Wollen Sie noch mehr Aktuelles von GU wissen, dann abonnieren Sie doch unseren kostenlosen GU-Online-Newsletter und/oder unsere kostenlosen Kundenmagazine.

GRÄFE UND UNZER VERLAG
Leserservice
Postfach 86 03 13
81630 München

GRÄFE UND UNZER

Ein Unternehmen der
GANSKE VERLAGSGRUPPE